BESTSELLER

Juan Miguel Zunzunegui (1975) es especialista en filosofía, geopolítica y religiones, maestro en materialismo histórico y doctor en humanidades, maestro en materialismo histórico y doctor en humanidades. Ha trabajado en medios de comunicación, publicidad y relaciones públicas, pero en el año 2009 optó por aventurarse en el mundo de las letras, que alterna con sus clases y conferencias. Es autor de *Los cimientos del cielo* y la trilogía *El misterio del águila,* todos ellos bestsellers.

JUAN MIGUEL ZUNZUNEGUI

Los mitos que nos dieron traumas

México en el diván:
cinco sesiones para superar el pasado

DEBOLS!LLO

Los mitos que nos dieron traumas
México en el diván: cinco sesiones para superar el pasado

Primera edición en Debolsillo: marzo, 2014
Primera reimpresión: junio, 2014
Segunda reimpresión: noviembre, 2014
Tercera reimpresión: marzo, 2015
Cuarta reimpresión: mayo, 2015
Quinta reimpresión: septiembre, 2015
Sexta reimpresión: noviembre, 2015
Séptima reimpresión: enero, 2016
Octava reimpresión: enero, 2017
Novena reimpresión: febrero, 2017
Décima reimpresión: julio, 2017
Undécima reimpresión: enero, 2018

D. R. © 2012, Juan Miguel Zunzunegui

D. R. © 2018, derechos de edición mundiales en lengua castellana:
Penguin Random House Grupo Editorial, S. A. de C. V.
Blvd. Miguel de Cervantes Saavedra núm. 301, 1er piso,
colonia Granada, delegación Miguel Hidalgo, C. P. 11520,
Ciudad de México

www.megustaleer.com.mx

ISBN: 978-607-312-175-0

Impreso en México – *Printed in Mexico*

Penguin
Random House
Grupo Editorial

El 13 de Agosto de 1521, defendida heroicamente por Cuauhtémoc,
cayó la plaza de Tlatelolco en manos de Cortés.
No fue un triunfo ni una derrota, fue el doloroso nacimiento
del pueblo mexicano que somos ahora.

PIEDRA GRABADA EN TLATELOLCO, LUGAR DE LA CONQUISTA

ÍNDICE

Es mi orgullo haber nacido en el barrio más humilde.

José Alfredo Jiménez

NOTA DEL AUTOR

México al psicólogo

Vamos a mandar a México a unas cuantas sesiones de psicoterapia, cinco serán suficientes para que, analizando algunos de sus mitos, supere los más perjudiciales de sus traumas; lo acostaremos en el diván y lo enfrentaremos contra sí mismo, para ver si la lógica y la razón logran imponerse contra dogmas históricos ridículos que lo atan al pasado.

El mexicano es poco colaborador, personalista, egoísta, y no tiene en definitiva el espíritu de colaboración de otros pueblos; el mexicano no sabe y no quiere trabajar en equipo; es desconfiado y ve principalmente por su bienestar sin importarle el valor de la comunidad. El mexicano vive el hoy volteando al ayer; sin pensar en absoluto en el mañana, tiene una extraordinaria visión a corto plazo, lo que en definitiva no lo hace nada visionario. Pero finalmente es imposible llegar a un destino cuando sólo se voltea hacia atrás y se sigue viendo el puerto de partida. Nunca llegará al futuro un pueblo tan obsesionado con su pasado... peor aún, con un pasado mítico.

Ese carácter del mexicano es una ineludible consecuencia histórica; entendiendo por historia de México a partir de la conquista del territorio mesoamericano por parte de los exploradores españoles. Tenemos una personalidad como pueblo que no nos ayuda a superarnos y deberíamos llevar a cabo una especie de revolución cultural si es que aspiramos alguna vez a ser algo más de lo que somos.

Un pueblo es su historia; los acontecimientos que se suceden en el devenir del tiempo, y la forma en que afectan y se perciben, van marcando la idiosincrasia de una nación, su forma de ser, sus complejos y sus traumas. El hombre es finalmente un ser histórico, y la sociedad, conformada precisamente por un conjunto de seres históricos, se hace así de un inconsciente colectivo, una especie de espíritu popular que rige en gran medida los pensares y actuares de una nación.

Ésta es la única forma de explicar que, a pesar de que los seres humanos que forman la sociedad son perecederos, el espíritu de estas sociedades no cambia. Podemos hablar de la arrogancia de los argentinos, la flema aristócrata de los ingleses, lo aguerrido de los alemanes, la sensibilidad de los franceses y la visión mesiánica de los gringos, por poner sólo algunos ejemplos. Y aunque toda una generación muera, estos pueblos no cambian su forma de pensar, es parte de su inconsciente colectivo, y éste tiene que ver con su historia.

Nuestra historia, como la de todos los países, está llena de mitos y mentiras; algunos que han surgido popularmente y otros creados desde arriba, desde las cúpulas de poder; unos inocentes y otros terriblemente perjudiciales.

Todos ellos, finalmente, conforman nuestro ser histórico y nos dan identidad.

Será labor en este libro tratar de brindar breves versiones alternativas de la historia que nos ayuden a comprender nuestro carácter, nuestros ideales y nuestros complejos de hoy. Y es desde luego el sueño que esta particular versión irreverente y alternativa de la historia y de nuestra psicología colectiva ayude a producir en el mexicano el cambio cultural y de pensamiento que tanto necesitamos para poder progresar como país, como personas y como sociedad.

PRIMERA SESIÓN

Viaje al inconsciente del mexicano

Es que los españoles nos conquistaron y nos saquearon, por eso somos pobres...

Es que la Malinche nos traicionó y se unió a Cortés (en todos los sentidos posibles), y por eso los españoles pudieron conquistar México.

Es que los españoles trajeron todas las maldades y todas las enfermedades, porque aquí no existía ni la malicia ni la corrupción (ni siquiera había caries)... de hecho la gente no se embriagaba (aunque hubiera pulque y dioses del pulque) y los conquistadores se dedicaron a enviciar a los indios.

Es que México tiene más de 3 000 años de historia, pero los españoles destruyeron nuestra cultura.

Es que aquí vino de lo peorcito de la escoria de España (y aunque sólo eran 400 de la peor calaña, conquistaron a millones de magníficos ejemplares aztecas).

Es que no ganamos porque los españoles nos dejaron su mentalidad (aunque España, llena de españoles, que se presume tendrán mentalidad de español, ya ganó el mundial de futbol y se ve lejanísimo el día en que México lo gane).

Es que la conquista espiritual terminó de destruir a las culturas antiguas (aunque la idolatrada virgencita de Guadalupe sea el principal producto emanado de esa conquista espiritual).

Lo bueno es que somos humildes... aunque presumimos con orgullo ser los consentidos, nada más y nada menos que de la mismísima madre de Dios (lo cual es bastante soberbio)... que, obvio, nos quiere porque somos pobres... porque los pobres se van al cielo.

Lo malo es que somos pobres (pensaría uno), lo bueno es que la pobreza es una virtud (dicen los que dicen que saben). Lo malo es que los españoles nos humillaron (según cuenta el mito y su trauma)..., lo bueno es que la humildad (aunque humildad viene de humillarse) es una virtud (según dicen los humildes). Lo malo es que ningún país ha salido de pobre gracias a la humildad..., lo bueno es que no nos importa, porque somos pobres pero honrados.

Es que Cortés (trauma específico de Diego Rivera) era deforme, jorobado y sifilítico (y aun así conquistó a millones de aztecas que nos describen casi como semidioses).

Es que durante 300 años conquistados, los españoles se llevaron toda nuestra plata y todos nuestros recursos (aunque sigamos siendo primer productor mundial de plata), y por eso somos tercermundistas.

Lo bueno es que la virgencita de Guadalupe se apareció para traernos consuelo por la conquista. (Lo malo es que la Virgen hizo que el pueblo se conformara con la derrota, y fue de hecho la principal herramienta conquistadora de los conquistadores.)

Lo bueno es que tuvimos una guerra de independencia, donde el pueblo mexicano, como un solo ser, se levantó en armas contra la tiranía y la opresión de los españoles, y durante 11 años luchó por su libertad, que le debemos, evidentemente, al cura Hidalgo. (Lo malo es que esa guerra, en todas sus etapas, fue encabezada por criollos, comenzando por Hidalgo, básicamente los descendientes de los conquistadores; que durante años los insurgentes, supuestamente un solo ser, se pelearon entre ellos en vez de atacar al ejército virreinal; que Hidalgo murió a los 10 meses de que comenzara esa guerra de 11 años, y que en 1821 la independencia se dio al amparo de la Iglesia.)

Es que los gringos (nuevo conquistador para proyectar nuestro trauma) nos robaron el territorio del norte, por eso no somos una potencia…, o dicho de otro modo: es que somos pobres porque a los gringos no les conviene que prosperemos.

Lo bueno es que uno de los Niños Héroes se envolvió en la bandera para que los gringos no la mancillaran. (Lo malo es que desde entonces todos los políticos patrioteros se envuelven en la bandera para cometer cualquier tropelía disfrazada de patriotismo…, bueno, y lo malo es que los gringos de cualquier forma capturaron la bandera y se la llevaron como trofeo, y al día siguiente el pabellón de las barras y las estrellas ondeaba en Palacio Nacional.)

Es que Santa Anna, ese maldito, desgraciado, infame, traidor y pérfido vendepatrias (que no era español sino mexicano) se puso de acuerdo con los gringos y por eso perdimos la guerra contra ellos… porque si esos territorios (que nos robaron arteramente) fueran nuestros, seríamos superpotencia (porque, obvio, desde que se los robaron ya estaba ahí Disneylandia, Las Vegas, el River Mall de San Antonio y los pozos petroleros, que se explotan con capital privado).

Lo bueno es que somos mejores que los gringos en futbol… (Lo malo es que eso no es cierto.)

Es que los franceses intervinieron en México en dos ocasiones, y hasta trajeron a un monarca extranjero (aunque a ese monarca extranjero lo trajeron en realidad otros mexicanos).

Lo bueno es que el 5 de mayo de quién sabe qué año (1862), en Puebla, las armas mexicanas se cubrieron de gloria cuando Zaragoza derrotó al ejército más poderoso del mundo (eso dicen del ejército francés) y nos dio una gran victoria para la República. (Lo malo es que un año después la bandera francesa ondeaba en la capital mexicana, ya que en el contraataque nos derrotaron, con lo que celebrar el triunfo de la Batalla de Puebla es como festejar que uno termina ganando el primer tiempo en el futbol, aunque al final se pierda el partido… igualito que con el caso de los Niños Héroes.)

Es que Porfirio Díaz se convirtió en un terrible dictador y por su culpa hubo una revolución… y claro, por culpa de don Porfirio, no del PRI, no hubo democracia en México en todo el siglo XX.

Lo bueno es que hubo una revolución social en la que el pueblo mexicano, como un solo ser (otra vez), se levantó en armas contra la dictadura represiva y luchó por democracia, por justicia social, por igualdad, y por hacer de México un país de instituciones y no de caudillos. (Lo malo es que el México emanado de esa revolución, encabezada por el apóstol de la democracia, tuvo una antidemocrática dictadura de partido, tiene más de 50 millones de pobres sin justicia social, sigue sin vivir la igualdad, y aún se tambalea cada que un caudillo amenaza a las instituciones, o las manda al diablo.)

Es que Huerta traicionó a Madero.

Es que Orozco traicionó a Madero.

Es que Zapata traicionó a Madero.

Es que Bernardo Reyes traicionó a Madero.

(Es que Madero era un incompetente con buenas intenciones al que el país se le caía en pedazos.)

Es que Carranza traicionó a Zapata.

Es que Obregón traicionó a Carranza.

Es que Calles traicionó a Obregón.

Es que Cárdenas (sí, el Tata Cárdenas) traicionó a Calles…, cabe señalar que toda esta traicionadera de todos contra todos se dio entre puros mexicanos, y los españoles no tuvieron nada que ver en el asunto.

Lo bueno (para el gobierno) es que el pueblo mexicano no sabe su historia ni tiene memoria, y entonces todos los que se mataron entre sí en la revolución pueden aparecer como héroes en el mismo monumento. (Lo malo…, lo malo es exactamente lo mismo.)

Es que las potencias extranjeras siempre han querido nuestros recursos, por eso los gringos… y los ingleses y los holandeses se robaban nuestro petróleo en el Porfiriato.

Lo bueno es que Cárdenas expropió el petróleo, que ahora es de todos los mexicanos y el fundamento de nuestra soberanía. (Lo malo es que tenemos la única empresa petrolera del mundo que está quebrada, que su sindicato la hace del todo improductiva, que extraemos petróleo pero no lo refinamos, y que como el gobierno tiene las ganancias petroleras para vivir, nunca se ve en la verdadera necesidad de hacer reformas económicas... ah, y que el petróleo es un recurso primario no renovable que está por terminarse en nuestro país.)

Lo bueno es que después de Cárdenas tuvimos la época del Milagro Mexicano. (Lo malo es que no supimos aprovecharlo.)

Es que el PRI impidió que hubiera democracia. (Lo paradójico es que el PRI fue el resultado de esa supuesta revolución que teóricamente se hizo por democracia.)

Es que la culpa la tiene el PRI... pero festejamos la revolución que finalmente dio origen al PRI.

Es que el capitalismo mundial se ha dedicado a hundirnos en nuestra pobreza (aunque ese mismo capitalismo haya sacado de su pobreza a países más pobres, como Corea del Sur, Vietnam o China).

Es que todos los ricos son malos, malísimos, desgraciados... y todos los pobres son buenos. Ahí están las telenovelas y películas para demostrarlo... por eso Pepe el Toro es inocente... y por eso Juárez es bueno, porque era pobre, y por eso no fue dictador, aunque gobernara 15 años consecutivos sin ganar elecciones y ejerciendo un poder por encima de la Constitución que él mismo apoyó.

Es que somos pobres pero honrados... con lo que justificamos y hasta enaltecemos la pobreza, razón por la cual nunca saldremos de pobres... lo cual ni queremos, porque los ricos son malos, porque el cochino dinero todo lo ensucia… aunque nos quejamos por no tener dinero…

Es que la globalización…

Es que el neoliberalismo…

Es que Salinas de Gortari no supo llevarnos al Primer Mundo…

Es que Mejía Barón no hizo los cambios, no metió a Hugo contra los búlgaros, y por eso perdimos el Mundial del 94. (De hecho Salinas le habló a Mejía Barón para que no hiciera los cambios y perdiéramos…, sólo por fastidiar, porque Salinas es malo… y rico, lo cual corrobora la teoría de que los ricos son malos.)

Es que jugamos como nunca…, y perdimos como siempre (igual que nuestros héroes patrios).

Es que lo importante no es ganar sino competir… por eso perdemos… eso sí, con la frente en alto… y así, al no ganar, no somos tentados por la soberbia de sentirnos ganadores, y mantenemos la más digna y alta de nuestras virtudes empobrecedoras: la humildad.

Es que los árbitros están en nuestra contra, por eso no ganamos los mundiales (aunque no sean los árbitros los que tiran los penaltis, y haya sido Luis Hernández, no un árbitro, el que falló un tiro contra Alemania, a dos metros de la portería, y sin portero).

Es que los jueces de los clavados olímpicos están del lado de los chinos…

Es que los jueces de la caminata olímpica están en contra de los marchistas mexicanos…

Es que el Tratado de Libre Comercio jodió a México (aunque desde 1995 hasta la fecha la balanza comercial del tratado sea favorable a México).

Es que el TLC destrozó el campo mexicano (aunque México sea de los principales exportadores de productos agrícolas a Estados Unidos, y aunque al campo mexicano lo destrozaran entre la revolución y los ejidos cardenistas, totalmente improductivos).

Es que Fox no supo hacer el cambio (aunque todos esperaban que el país cambiara sin que nadie en lo personal tuviera que cambiar).

Es que nuestra soberanía reside en el petróleo, por eso no puede haber ni un centavo de capital privado en Pemex, porque los inversionistas privados sólo quieren saquearnos. (Aunque hasta Cuba y la China supuestamente comunista saquen petróleo con inversión privada.)

Es que los inversionistas extranjeros sólo quieren volver a saquear a nuestro país (aunque haya inversionistas mexicanos en otros países y productos mexicanos en todo el mundo, pero eso está bien).

Es que los capitalistas españoles quieren reconquistar México (aunque Pemex tenga acciones en Repsol y no al revés).

Bueno... es que al final nos va mal porque somos un pueblo conquistado... Y ahí está el detalle (como diría Cantinflas): es que hace más de cinco siglos unos 400 aventureros castellanos, guiados por Hernán Cortés, junto a 150 000 indígenas, tomaron Tenochtitlan... y por alguna razón extraña hay un vínculo entre ese lejano acontecimiento y TODAS nuestras desgracias de hoy.

—Además de esquizofrenia, presenta usted síntomas preocupantes de ESQUEzofrenia…, pero dígame, señor México… ¿desde cuándo sufre usted de todos estos delirios de persecución? Es decir, supongo que está consciente de todas las contradicciones que ha estado diciendo.

—¿Contradicciones, doctor?…, ¿dónde?

—Bueno, si usted no es capaz de descubrirlas yo no puedo ayudarle…, es importante que usted mismo descubra el origen de ese terrible complejo de conquistado.

—¿COMPLEJO? No se burle, doctor, es que de verdad nos conquistaron, esos méndigos españoles nos fastidiaron y nos destruyeron.

—Bueno, pero algo de español tendrá usted…

—No me chingue, doctor, yo no tengo nada que ver con esos desgraciados gachupines.

—*Tlan ti nijpeualtis ka se tlamanti ayohui. ¿Ti mati tlen tlahtolli ti camanalua?*

—No le entiendo nada, doctor, hábleme en español.

—¿EN ESPAÑOL?… pero cómo, si ése es el idioma de los que lo conquistaron, por eso le hablo en náhuatl, para que me entienda, de hecho precisamente sólo le pregunté si comprendía el idioma.

—¿En náhuatl?, ¿pues qué me ve cara de indio o qué?

—Pues a decir verdad, sí, sólo un poco, pero, ¿no me está diciendo que usted es un indio conquistado?

—Conquistado sí, doctor, pero indio no. Tampoco exagere.

—Déjeme ver si entendí, ¿los españoles conquistaron a los indios?

—Me conquistaron a mí, doctor… a México.

—Pero ese México estaba habitado por indios, ¿no?

—Bueno, eso sí.

—¿Y usted es un ser conquistado?

—Así es, por los malditos españoles.

—¿Esos que conquistaron a los indios?

—Así es, está muy fácil.

—Pues algo de indio tendrá usted entonces, si no, ¿por qué se queja de una conquista?

—Bueno, alguna razón tiene que haber para que me vaya tan mal.

—¿Y nunca ha pensado que usted mismo puede ser esa razón?

—Claro que no, doctor, ¿qué no me está escuchando?…, si le acabo de decir quiénes son los culpables de todas mis desgracias…, el mundo está en mi contra.

—Muy bien… ¿y no tiene idea de a qué delirio de persecución me refiero?

—… Pues no, doctor, pero presiento que usted quiere insinuarme algo…

EL TRAUMA DE LA CONQUISTA

¿Qué tienen en común países como Brasil, Chile, China, Corea, Vietnam, Camboya, Libia, Costa Rica, Filipinas, Holanda o Irlanda? Todos en su momento fueron territorios conquistados, colonias del imperialismo europeo del siglo XVII al XIX.

Brasil fue de Portugal y Chile de España hace tanto tiempo como México y también durante siglos. China fue invadida y humillada a lo largo del siglo XIX por casi todas las potencias europeas más Japón. Vietnam y Camboya fueron la indochina francesa, se liberaron hace apenas pocas décadas y después de una guerra tan despiadada como fue la de Vietnam. Libia fue parte de Roma, del Imperio Turco y conquistada en tiempos tan recientes como el siglo XX por Mussolini. Costa Rica, Filipinas y hasta Holanda fueron, al igual que México, territorio español. Irlanda fue conquistada y devastada por los ingleses.

Todos esos países podrían ir por la historia lamentándose de ser pueblos y países conquistados y, desde luego, hacer que las culpas de todas sus miserias recaigan sobre ese hecho. La propia España, antes de conformarse como reino, como la España que hoy conocemos, estuvo siete siglos bajo dominio árabe.

Todos esos países, España incluida, están en el siglo XXI por encima de México, desde mucho más abajo nos han superado y se encaminan al futuro. Lo que tienen en común es que todos fueron, en su momento, países conquistados, y también tienen en común que superaron el trauma.

México ha visto pasar los siglos y sigue usando la Conquista como trauma fundamental de su identidad y como pretexto para todas sus desgracias. México tiene el trauma de la Conquista, pero tiene ese trauma derivado, y esto es lo peor, de un gran mito, de un terrible mito que se ha enseñado de generación en generación como estigma que nunca debe ser olvidado: SOMOS UN PUEBLO CONQUISTADO, NUESTRO ORIGEN ES UNA DERROTA... pero eso nunca ocurrió; el trauma de la conquista se origina en un mito, pues México nunca fue conquistado.

Somos el mayor país hispanohablante del mundo, lo cual le demostraría a casi cualquiera que acepte razones y use la lógica, que algo de hispanidad tendremos. Con esa lengua, que determina nuestro pensamiento (es decir que PENSAMOS EN ESPAÑOL), vemos y comprendemos el mundo; con esa lengua le mentamos la madre al español y con ella cantamos y gritamos todo lo que nos enorgullece de México: la música, su gastronomía, sus ciudades coloniales, su vestimenta, su folclor, el guadalupanismo, el barroco, el neoclásico..., todo ello rebosante de hispanidad.

Somos un contradictorio pueblo muy necio, que acepta que somos mestizos, pero aun así pretende que México existía milenios antes de la llegada de los españoles. Cada quien tiene derecho a sentirse conquistado, a sentirse olmeca o pretender que desciende directamente de Chimalpopoca. También podemos usar la lógica que intentó extirparnos el gobierno posrevolucionario, y aceptar que nuestro origen está directamente relacionado con España.

EL SÍNDROME DE *MASIOSARE*

Si aceptamos la ridícula idea de que México existe desde hace 3 000 años, porque consideramos que los olmecas eran mexicanos, y de ahí todas las demás culturas, desde teotihuacanos (a quienes desconocemos) hasta aztecas... pues vaya que nos conquistaron. Claro, hablaríamos náhuatl, tendríamos basamentos piramidales, y culto a Quetzalcóatl... lo cual es evidentemente falso, porque el germen de México se levantó sobre las ruinas de culturas mesoamericanas en decadencia, que habían visto su mejor época en los tiempos de la ciudad de los dioses, en el siglo VIII.

Si en vez de aceptar dogmas míticos volteásemos a nuestro alrededor a ver nuestro México, y a nuestro interior, para vernos a nosotros mismos, tendríamos que aceptar que lo que más caracteriza a México, como su idioma predominante, su religiosidad, su arte, podríamos aceptar lo que en realidad siempre aceptamos aunque sea medio forzados, que México es un país mestizo..., lo curioso es que ese mestizaje, lo indio con lo hispano, se acepta, pero aun así se insiste en el México prehispánico.

La mezcla de dos componentes no puede existir antes de que existan y se junten esos dos componentes..., lógica simple que nos dice que México, lo que hoy es México, lo que somos, no existiría si no hubiese llegado Hernán Cortés. Si aceptamos eso NO HAY CONQUISTA... no conquista de México, quizás de Tenochtitlan y de los aztecas, y en manos de 150 000 indígenas guiados por Cortés. Somos el resultado de la unión y el triunfo. Aprender eso podría hacer que nos uniéramos... y triunfemos.

Pero como toda la educación posrevolucionaria se basa en el mito de la conquista, ésa es la idea que no puede soltar el mexicano, y como es un buen pretexto, nos aferramos al mito..., de ello se deriva en México la idea de que el mundo entero es nuestro enemigo: los españoles, Cortés, la Malinche, Santa Anna, Porfirio, los gringos, la globalización, el capitalista extranjero; ahí está la tendencia del mexicano a achacar todos sus problemas a alguna maquiavélica fuerza ajena.

Nunca se nos ocurre pensar que los problemas de los mexicanos pueden ser culpa de los mexicanos, principalmente porque somos enemigos unos de otros, lo cual ha ocurrido desde tiempos virreinales, y desde la misma independencia. Con la conquista como base, sumada a otros mitos que nos dieron traumas, se deriva el SÍNDROME DE MASIOSARE..., el miedo, el miedo a todo: al otro mexicano, al triunfo, al dinero, a los grandes proyectos, a la verdadera independencia, que es la mental, al pensamiento libre, a asumir la responsabilidad de nuestras elecciones libres... y por supuesto, al español, al gringo, y a cualquier extranjero que conceptualicemos como poderoso y por lo tanto como posible nuevo conquistador.

Así pues, el síndrome de *Masiosare* (nuestro extraño enemigo) está conformado por varios complejos y traumas:

- **Complejo de conquistado.** La idea permanente de que somos un pueblo conquistado y que ese evento marca nuestro destino. Este complejo está determinado por nuestra visión de la historia que nos identifica como descendientes de aztecas conquistados. Se mantiene el trauma porque se mantiene el mito, y se mantiene el mito porque es cómodo y justifica muchas realidades.

- **Individualismo y desconfianza.** Como resultado de los traumas y complejos tenemos a un mexicano metido en sí mismo, desconfiado, cerrado a la colaboración y que desarrolla un comportamiento de individualismo. Una sociedad formada por individuos que no están dispuestos al trabajo en equipo está también condenada al fracaso.

- **Crisis de identidad.** Un conflicto del mexicano por definir su origen y su esencia, caracterizado por un enfrentamiento entre lo indígena, lo mestizo y lo criollo. Esta crisis de identidad provoca una desintegración del pueblo. El mexicano reniega en español de su hispanidad y le mienta la madre al español en español; dice aceptar el mestizaje como origen, pero se empeña en un México prehispánico; dice sentirse orgulloso del pasado indígena, pero usa las palabras *indio* e *indígena* de manera despectiva.

- **Polarización de la sociedad.** Como tenemos políticos ruines y mezquinos, el trauma de la conquista siempre ha formado parte de sus discursos arrastramasas…, pero claro, lo usan porque está arraigado, y lo reiteran desde las canciones populares hasta las telenovelas. Este trauma se convierte en un discurso de ricos contra pobres, malos contra buenos… conquistadores contra conquistados. De este modo, al tiempo que nos sentimos orgulloso de nuestro pluralismo y nuestro pueblo multicolor… no deja de haber discriminación, clasismo y racismo.

La traición es parte esencial de nuestra historia, tristemente, pero de hecho se nos ha enseñado que nacimos no sólo de la derrota (la Conquista), sino también de la traición, la Malinche y los tlaxcaltecas unidos con el invasor… cuando en esa época no había mexicanos… en cambio sí éramos ya todos mexicanos cuando muchos grupos sociales apoyaron la invasión norteamericana o la intervención francesa.

Aprendemos y enseñamos que todo aquel que no piensa como nosotros es un traidor, así lo manejan los políticos, y así se deja convencer el pueblo.

- **El culto a la pobreza.** Amamos la pobreza, le cantamos, le hacemos telenovelas, la enaltecemos y la convertimos en virtud: *"soy pobre pero honrado"*. La virgencita, elemento de la conquista espiritual, nos quiere porque somos pobres y humildes, con lo que permaneceremos humillados y pobres. Y claro, al ser pobres, un buen remedio psicológico contra la frustración es convertir la pobreza en virtud, pero al convertir la pobreza en virtud nunca salimos de pobres.

Cada día de nuestra vida, cada segundo, en cada canción popular y en cada libro de historia regeneramos esos valores que nos alejan del progreso, que nos atan al pasado, que siguen marcando nuestro destino..., y que nos alejarán para siempre del futuro si no logramos cambiar nuestra mentalidad.

ESQUIZOFRENIA Y *ESQUEZOFRENIA*

La ignorancia es el mejor aliado de las tiranías, de los que engañan, de los que manipulan masas y pueblos. El conocimiento, la verdad, en efecto, es lo único que nos hace libres; libres de pensar, de elegir, de cuestionar... de tener un futuro. En nuestro país los mitos históricos siempre han servido políticamente, han sido eternamente útiles para mover masas, y ciertos personajes siguen siendo usados en los discursos patrioteros para manipular al pueblo.

Mitos hay en todos los países y los ha habido desde el principio de la civilización, el problema es que los mitos terminan por ser parte de la historia, y la historia forma el alma colectiva de un pueblo, forma nuestras ideas, principios y valores. Una determinada visión de la historia puede catapultarnos al progreso futuro, o anclarnos a las supuestas glorias del pasado, darnos triunfos o derrotas, sueños o proyectos. Muchos países han despegado gracias a sus mitos, otros, como México, cada vez echan más raíces.

Diciéndolo con todas sus letras: la visión oficial de la historia le ha causado a México una terrible patología psicológica que yo he llamado EL SÍNDROME DE *MASIOSARE*, esa terrible combinación de males donde se mezclan y se funden todos los trastornos del país y el pueblo: un gran complejo de inferioridad, crisis de identidad, un terrible trauma de conquistado, individualismo, apatía... y ante todo, un terrible delirio de persecución, de miedo al extranjero, todo sumado a una inmadurez crónica que provoca *ESQUEzofrenia*; la tendencia al "Es que"... al eterno pretexto que nos exculpe de todas nuestras desgracias.

Es vital hablar de los mitos de nuestro México, del lado oculto de nuestra historia. ¿Para qué?, para comprendernos mejor a nosotros y a nuestro país, para entender y analizar nuestros errores, para poder corregirlos, analizar nuestra forma de pensar, corregirla en lo que sea necesario y superar traumas y complejos.

Nos dicen que la historia sirve para no repetir los errores del pasado, pero cuando ésta se enseña dogmáticamente y sin crítica no sirve para nada; la prueba es que los problemas de México a principios del siglo XIX y a principios del XXI son básicamente los mismos: crisis de identidad, individualismo, falta de proyecto, políticos incapaces de negociar, huecos en las finanzas públicas, pobreza, ignorancia... No se puede construir un nuevo país con los mismos viejos mitos de siempre.

La desmitificación es a un país lo que la psicoterapia a un individuo; es dolorosa, pero es vital para cerrar ciclos y seguir adelante. Algunos individuos logran superarse a sí mismos gracias a un autoanálisis, y lo mismo puede suceder con un país a través de una buena crítica histórica. Mirar al pasado ayuda a comprender la vida, pero sólo voltear al futuro ayuda a vivirla. Juárez, a quien tanto veneramos en este país, aunque la mayoría no sepa nada de él, dijo alguna vez: "presente y no pasado es lo que México necesita".

¿Por qué los mitos?

Todos los pueblos tienen mitos, ¿pero será que todos los pueblos tienen traumas derivados de sus mitos? Todos los pueblos, naciones y comunidades tienen mitos porque todos tienen historia, y el mito es parte fundamental de la historia. Los mitos cuentan muchas historias y la historia está llena de mitos, formada por ellos.

Probablemente el primer mito de la historia en general sea el decirnos que la historia estudia el pasado... es imposible estudiar el pasado, nadie ha estado ahí; la Historia interpreta el pasado. La historia no estudia los hechos del pasado, estudia los discursos que, en el presente, se elaboran sobre los hechos del pasado, y que siempre se llenan de mitos que justifiquen o expliquen dicho presente… finalmente la razón de ser del mito ha sido siempre la misma: dar explicaciones… aunque no sean verdad.

Claro que la interpretación que la Historia hace del pasado tiene que estar sustentada en algo, y surge entonces otro mito; es lugar común decir que la historia comienza junto con la escritura, ya que al existir documentos escritos podemos saber lo que ocurrió. Pero es necesario aquí hacer la precisión: al existir un documento escrito, no sabemos lo que pasó, sabemos únicamente lo que aquellos que escribieron dicen que pasó, que no es lo mismo. Todo aquel que escribe, escribe versiones, normalmente con la intención deliberada de alterar, modificar, aumentar, corregir o adornar los hechos de la Historia para que se ajuste a los intereses y necesidades de aquellos que la escriben, como se dice comúnmente: los vencedores.

La Historia no hace al mito, el mito hace a la historia. Pero resulta que es el hombre quien, socialmente y con el paso del tiempo, crea el mito. Así pues, el hombre construye el mito, con mitos se hace a la Historia, el mito se vuelve historia, y entonces el hombre se cree el mito, porque es parte de la historia, porque está escrito (en los libros de historia oficial) o sale en la tele (en series históricas, por ejemplo), y por tanto debe ser cierto.

Cuando los vencedores escriben la Historia, escriben la versión más conveniente para sus intereses; se escucha decir que los buenos siempre ganan, pero tal vez sea que los que ganan siempre aparecen como los buenos, precisamente porque ellos escriben la historia. Es decir, la historia es una construcción, se convierte en una herramienta ideológica, y es finalmente un instrumento de la clase en el poder para mover masas y conservar el dominio. De ahí que los héroes y villanos también cambien con los regímenes.

La historia mexicana está llena de mitos por algo muy simple: porque la historia de todos los pueblos y naciones los tiene. Desde los mitos antiguos, como los dioses griegos, hasta los mitos modernos, como ese en el que los gringos salvan al mundo de todos los malos, desde terroristas hasta alienígenas.

La historia y sus mitos sirven para generar cohesión nacional, para enaltecer a un pueblo, para crear identidad, para que los miembros de una comunidad sientan orgullo de pertenecer a ella... vaya, para impulsar más al pueblo. En este sentido México está lleno de mitos, antiguos, como el águila y la serpiente de los aztecas, o modernos... como el águila y la serpiente de los aztecas.

Es decir, en tiempos del tlatoani Itzcóatl, su consejero Tlacaelel inventó el mito del águila y la serpiente para justificar la realidad de su propio pueblo mexica en esa época y situación específica. La historia moderna de México recogió ese mito, dijo que es verdad, lo plasmó en los textos oficiales y en el escudo de la bandera... pero claro, si los analizamos fríamente, que el mexicano se crea como verídica la historia de un pueblo migrando por órdenes de un dios hasta encontrar un águila en un nopal, devorando una serpiente; es como si los italianos se creyeran que Roma fue fundada por dos gemelos que fueron amamantados y criados por una loba, que en realidad era el dios fauno.

Los mitos de México están en nuestra bandera, en nuestro dinero, en nuestros libros escolares y hasta en las paredes de los edificios importantes, donde los muralistas, al amparo del gobierno posrevolucionario, plasmaron un idílico y perfecto mundo indígena, alterado y corrompido por la llegada de los españoles. Decimos tener 3 000 años de historia porque pretendemos que hasta los olmecas eran mexicanos… y luego, claro está, "todos sabemos" que fuimos conquistados… del mismo modo que "todos sabemos" que Hidalgo es padre de la patria, Iturbide un traidor, Santa Anna un vendepatrias, Juárez el pastorcito que llegó a presidente, Díaz el dictador, la Malinche la traidora. "Todos lo sabemos" aunque nunca nos lo hayamos cuestionado.

¿POR QUÉ LOS TRAUMAS?

Está claro entonces que todos los pueblos y los países tienen mitos, pero resulta que el que tiene traumas derivados de sus mitos es México y el mexicano, y eso es porque nuestra historia oficial creó mitos derrotistas y héroes derrotados.

Si queremos una historia llena de mitos sólo hay que voltear al norte y ver a nuestro odiado-envidiado vecino. Un país de más de 300 millones de habitantes de más de 80 orígenes diversos, donde cohabita cualquier cantidad de etnias, culturas, lenguas y religiones, necesariamente requiere mitos de unidad nacional. En Europa el mito básico es el nacionalismo, es decir la idea de la lengua y la raza como símbolo de unidad… pero eso es imposible en Estados Unidos.

Así pues, lo que une al norteamericano es un ideal, y la idea de que es posible alcanzar este ideal. Le llaman "sueño americano" o *American way of life*; anhelar el sueño americano, por mítico que resulte, sirve para generar cohesión. Este gran mito tiene varios soportes, y quizás el principal de ellos es la libertad, probablemente la palabra más usada en los discursos políticos de aquel país, seguida de la palabra *democracia*.

Como todo país tiene también un mito fundacional, y en este caso es la migración de un grupo de disidentes religiosos ingleses y neerlandeses en 1620 a las costas norteamericanas. Un grupo de calvinistas puritanos, envueltos en las persecuciones religiosas de la Europa de entonces, decide dejar para siempre el viejo mundo en busca de libertad, religiosa y de todo tipo, y se embarca en el *Mayflower*, hacia un futuro incierto, pero con una fe inquebrantable en que Dios guiaba su destino.

De ese mito fundacional se deriva otro de los pilares básicos del sueño americano: el Destino Manifiesto; la idea de que el mismísimo Dios tiene a un nuevo pueblo elegido; los peregrinos originales y sus descendientes, que hay una nueva Tierra Prometida ofrecida por Dios a su nuevo pueblo, que es América, y que hay un nuevo pacto del pueblo elegido con Dios, y es civilizar el mundo, es decir, moldearlo al estilo norteamericano.

Otro pilar fundamental de la estructura mítica de Estados Unidos es el enemigo, el país siempre tiene un enemigo, real o ficticio, de hecho si no lo tiene debe construirlo. El primer enemigo fue la propia Inglaterra, luego México, después España, más adelante los alemanes, luego los alemanes convertidos en nazis, después los soviéticos y su comunismo y ahora los terroristas musulmanes que odian la libertad. En el mundo imaginario, plasmado en libros, televisión y películas, están todos esos, más el cambio climático, los asteroides, el Y2K, los alienígenas y demás seres amenazantes.

Todo es mito, pero el estadounidense promedio lo cree… y esos mitos gringos impulsan al gringo, lo arrojan hacia arriba, se cree un verdadero adalid de la libertad. No importa si es verdad o no, los mitos nunca han buscado la verdad, pero ese imaginario colectivo impulsa hacia arriba a todo un país multicultural.

En Grecia su arquetipo heroico son los héroes clásicos de hace siglos, muchos de ellos míticos, los semidioses, o mejor aún, sus grandes pensadores y filósofos. En Francia son expertos en hacer mitos históricos; el mundo occidental entero toma su revolución como la cuna de la democracia moderna y la libertad, y aunque sólo pelearon cuatro semanas en la segunda Guerra Mundial, se rindieron ante Hitler y colaboraron con el régimen nazi… lograron pasar a la historia dentro del bando de los vencedores. Tienen a creadores de imperios como Carlomagno y Napoleón… esto aporta a la arrogancia del francés, pero desde luego impulsa su espíritu.

Y si de arrogancia hablamos, pasemos con los ingleses; sus arquetipos heroicos son los grandes guerreros, corsarios, soldados, exploradores, conquistadores y políticos que generaron y mantuvieron el imperio británico, desde Sir Francis Drake y Walter Raleigh hasta Winston Churchill, tan desgraciado como Hitler, pero con la ventaja de estar en el lado de los que escriben la historia: los vencedores.

Los españoles tienen al Cid campeador y a los caballeros medievales que reconquistaron para la cristiandad las tierras tomadas por el Islam, los noruegos tienen a los grandes exploradores árticos que lograron llegar a donde ni los ingleses llegaron, los italianos tienen al Imperio Romano... todos los países tienen mitos, y esos mitos tienden a encumbrar a grandes triunfadores, precisamente para que ése sea el ideal que persiga el pueblo.

En México nos hicieron una telaraña mítica de derrotas y derrotados: somos indígenas conquistados por los méndigos españoles, y de ahí en adelante todo es derrota. Cuauhtémoc perdió, luchando con la frente en alto, del mismo modo que perdieron Hidalgo, Allende, Aldama, Morelos, los Niños Héroes (aunque no existieron, pelearon y perdieron). También perdieron Madero, Villa, Zapata... todos lucharon, todos dieron todo, todos mostraron pundonor... y todos perdieron. Jugaron como nunca... y perdieron como siempre.

¿Es que entonces no hay triunfadores en la historia de México? Claro que los hay, pero han pasado a la historia como malvados. Agustín de Iturbide, guste o no a los sacros guardianes de la historia oficial, escribió el Plan de Independencia (Plan de Iguala), negoció con Juan de

O'Donojú, firmó con él los Tratados de Córdoba, en los que el último Jefe Político Superior de la Nueva España reconoce la independencia; entró triunfante en la capital, recibió el poder de las autoridades españolas y firmó el acta de independencia el 28 de septiembre de 1821... todo negociando, sin más guerras fratricidas... y es malo.

Preferimos como padre de la patria a un cura revoltoso, nada negociador, que inflama a las multitudes y las lanza al saqueo, que a un hombre negociador que logró unir los intereses de todas las partes en conflicto, llegar a acuerdos, firmar la paz y obtener la libertad. Claro que si vemos a los políticos de hoy y a sus seguidores, es evidente que tenemos mucho más del cura Hidalgo que del coronel Iturbide.

También tenemos a don Porfirio Díaz, el hombre que terminó con casi siete décadas de matanzas entre mexicanos, de guerra continua, el que pacificó al país, le dio estabilidad, lo hizo respetable y respetado, lo industrializó y lo llevó al progreso..., el hombre que, antes de eso, derrotó a las últimas tropas del imperio de Maximiliano el 2 de abril de 1867 y entregó la ciudad de México a Benito Juárez. Tenemos a un gran hombre, indígena por cierto, que catapultó a México al progreso..., pero lo tenemos como villano, porque eso dice la historia oficial, que en su afán de glorificar una revolución plantea a Díaz como el tirano dictador que la hizo necesaria.

Tenemos, claro, a don Hernán Cortés, el creador de México, el hombre que se enfrentó a lo desconocido, el que entró a un continente incógnito, indómito e inhóspito con sólo 400 aventureros y derrotó al poderoso señorío azteca;

el que supo poner de su lado a decenas de pueblos enemigos y tomar la ciudad más importante de Mesoamérica para dar origen a un reino hispano que con el paso del tiempo se convirtió en el país que hoy somos... pero también quedó del lado de los malos.

México nació como país en 1821 y sin identidad alguna, el hombre más rico de aquel tiempo compartía patria con campesinos miserables; evidentemente ninguno de esos dos extremos podía sentir algún lazo de afinidad con el otro. Había una gran diversidad étnica y lingüística que hacía verdaderamente difícil generar un sentimiento de pertenencia. Pasó en México, ¡qué cosas!, como en España: lo único que nos hacía iguales era la religión católica en su versión más fanática y supersticiosa.

La no identidad fue problema en todo el siglo XIX, un problema en el que comenzaron a trabajar Juárez y luego Díaz, pero que no quedó solucionado. Tras la sanguinaria guerra civil que los sacros guardianes de la historia oficial llaman revolución, el régimen emanado intentó generar una identidad... y lo logró: la identidad de la derrota, la del indígena, la del conquistado. Ahí, a partir de Álvaro Obregón, pero sobre todo con Cárdenas, se estableció la nueva versión de la historia, la que hasta hoy es incuestionable.

El gobierno posrevolucionario se dedicó a construir una historia, con sus respectivos mitos, cosa normal, que, como se ha visto, pasa en todos los países; pero para esa construcción tenía que exaltar a la revolución; ésta, y todo lo surgido de ella, tenía que ser gloriosa; así pues, fue necesario que todos los participantes de aquel baño de sangre fueran convertidos en héroes, aunque no compartieran proyecto, aunque se traicionaran, aunque se asesinaran entre sí.

Del mismo modo fue necesario deplorar lo anterior a la supuesta Revolución, y a Porfirio Díaz le tocó ser el malo del cuento. La verdadera guerra indiscriminada se dio en tiempos de Madero y a causa de su incompetencia..., pero Madero fue demasiado ingenuo como para ser un buen villano, el papel le quedaba que ni mandado a hacer a don Porfirio. Como don Porfirio, ya etiquetado en el bando de los malos, en su momento luchó por el poder contra Juárez, éste quedó automáticamente dentro de los buenos, aunque también haya sido dictador.

Al retomar a Juárez como bandera, se tuvo que retomar el liberalismo que él encabezaba en el siglo XIX, y entonces todos los conservadores, sin distinguir a uno de otro, se fueron al infierno de la historia: Iturbide, Santa Anna, Miguel Miramón... y claro, también se pretendió que la historia de México es una especie de evolución, de transición de lo conservador a lo liberal... aunque en el siglo XXI seamos un país recalcitrantemente conservador, arcaico y supersticioso. Ojalá fuésemos lo liberales que pretendemos ser.

Pero una vez más, las mitologías no buscan encontrar la verdad sino dar explicaciones, y eso es lo que hace la mitología nacional creada por el régimen revolucionario. Nos crearon mitos, como en cualquier país, pero en vez de mitos que nos arrojaran hacia arriba, aquí nos construyeron una serie de mitos que nos dieron traumas: EL SÍNDROME DE *MASIOSARE*.

Todos en algún momento nos hemos preguntado la utilidad de estudiar Historia. Desde la primaria nos dijeron que se debe estudiar historia para conocer el pasado, pero ésa es una respuesta demasiado simplista que sólo nos lleva a otra pregunta: ¿para qué sirve conocer el pasado?..., finalmente ya pasó. Entonces de manera más profunda se argumenta: al estudiar historia conocemos el pasado, sólo así podemos comprender el presente... y quizás hasta conocer, prevenir, corregir o asegurar el futuro.

A los muy preguntones estas respuestas no les satisfacen, así es que siguen (seguimos) preguntando: ¿cómo?, es decir, qué relación hay entre saber fechas, nombres y datos del pasado, y comprender lo que hoy sucede..., más aún, cómo es posible que eso nos haga adelantarnos al futuro y tomar las medidas adecuadas para corregirlo.

Para muchos al final no hay respuesta satisfactoria y entonces la respuesta es más simple aún: pues por cultura. Digamos una cosa claramente: NO tiene caso estudiar historia por cultura general, para ser una enciclopedia ambulante retacada de datos del ayer... eso es inútil, los datos están en los libros, y ahora en internet.

La historia sólo debe estudiarse si es útil, y es particularmente el historiador el que debe ocuparse en que lo sea... útil para la vida diaria, para solucionar problemas, para, efectivamente, corregir el rumbo. Gran parte de la historia es inútil en México, y a eso se han dedicado los sacros guardianes de la historia oficial, a hacerla del todo obsoleta. Repetir eternamente los mismos dogmas históricos es una labor fatua, por más títulos doctorales que tengan los que a eso se dedican. Estudiar el mito de nuestro pasado perfecto jamás nos dará lección alguna.

La historia no sirve para nada…, no por lo menos como se explica en México. Por un lado se enseña de forma dogmática y en un estilo más ortodoxo y hasta inquisitorial que la religión… y cuando la historia no sirve para generar pensamiento crítico, es del todo inútil. También dicen que estudiar el pasado sirve para no repetir errores en el futuro… pero cuando lo que se enseña dogmáticamente son mitos, es imposible corregir el futuro con esa base. Finalmente el mayor problema: se nos ha enseñado en México que tenemos una historia gloriosa… y si todo ha sido perfecto y glorioso, pues no hay errores de los cuales aprender.

Claro que si todo esto fuese verdad, si México tuviera un pasado glorioso, y entendiéramos que la historia es una serie de causas y efectos, tendríamos claro que un pasado glorioso sólo podría causar un presente glorioso, y que por lo tanto el presente malogrado en que vivimos sólo puede entenderse si asumimos que el pasado ha sido bastante devastador.

Si fuéramos todo lo que decimos que somos seríamos una potencia mundial, y no lo somos. En nuestro nefasto juego de máscaras nos hundimos en el pasado, con un ancla enorme y una más grande venda en los ojos. Un México que vive del mito de sí mismo y donde tenemos que reafirmar nuestra identidad de forma agresiva gritando: ¡Viva México cabrones!

Adicción al pasado y adicción a los mitos; eso es lo que México y el mexicano padecen. Como el adicto de cualquier tipo, el primer paso para solucionar un problema es aceptar que se tiene. El mexicano puede aceptar que estamos como estamos porque somos como somos, o vivir en la fantasía de que somos gloriosos, aunque la realidad demuestre lo contrario como parte de un complot mundial contra el país. La primera versión de la historia nos ofrece un futuro... la que se enseña en general hasta el día de hoy es absolutamente inútil y sólo nos hundirá más en el pasado.

Mitos y más mitos, la historia y los mitos se entrelazan hasta ser uno mismo, cuando se han enseñado por generaciones y sin derecho a cuestionarlos... pero así como la historia oficial está grabada en piedra, es inamovible y existen aún sus sacros guardianes, evitando toda revisión o reinterpretación, también hay que decir que en el siglo XXI de pronto se puso de moda la desmitificación, que a veces termina por ser igual de estéril o más que la historia de la SEP.

Durante el siglo XX el régimen estableció quién era el bueno, quién era el malo y quién era el feo, el héroe y el villano, el abnegado prócer y el vendepatrias, no inventaron glorias inexistentes y triunfos que nunca se convirtieron en victorias. Pero de pronto hay epidemia de desmitificadores estériles, de esos que simplemente rechazan de tajo TODO lo que nos han dicho hasta ahora, hacen buenos a todos los malos y viceversa... eso es igual de inútil.

El desmitificador estéril es un mercader del mito al que no le importa México sino el dinero, y suele partir de la base de decir al lector: no le creas a la SEP, créeme a mí... con lo que sólo cambiamos un dogma por otro; pero hacer una lista de mitos y más mitos, o meterse a la cama de los héroes que nos dieron patria, tampoco sirve para cambiar al país. Están los que piensan que para desmitificar hay que ser contestatario, y simplemente van en contra por principio, y están los peores de todos, los que pretenden interpretar más de dos siglos de historia desde la óptica de su ideología de hoy, sea de izquierda o de derecha.

La historia es a un pueblo como su propio pasado a un individuo; hurgar en el pasado sirve para comprendernos, pero luego sólo es útil si lo soltamos y volteamos al futuro. El análisis histórico sirve para psicoanalizar a un pueblo. México tiene muchos traumas que le evitan progresar, que lo hacen enemigo de sí mismo... desmitificar debe hacerse para superar el pasado y soltarlo para siempre, para superar traumas, para poder llegar a un futuro que hoy nos está negado.

La historia dogmática y sus sacros guardianes no sirven para nada, el desmitificador estéril tampoco. Hay que desconfiar de todo aquel que, en historia o en lo que sea, pretenda tener la verdad absoluta y la única versión posible. La historia debe servir para generar pensamiento crítico, para hacer análisis, para comprender a profundidad el origen de nuestros traumas, para unirnos como pueblo y no para separarnos más.

La telaraña mítica y las telarañas mentales

Una conquista hecha por los indígenas (150 000 indígenas en el ejército que al mando de Cortés tomó Tenochtitlan), una independencia hecha por criollos, es decir, por españoles, una revolución ganada por aristócratas (como Madero, Carranza y Obregón), un país conservador que honra a sus próceres liberales, un pueblo guadalupano que alaba el laicismo, una democracia sin demócratas y una partidocracia sin ciudadanos... más o menos así de torcido está México.

Los mexicanos tenemos arraigado en el inconsciente (porque memoria no tenemos) que descendemos de los aztecas y nos conquistaron los españoles, que nuestro pasado fue glorioso, que hubo una memorable guerra de independencia de 11 años, que el traidor de Santa Anna nos vendió, que los pobres son buenos y los ricos son malos, que Juárez fue el pastorcito que llegó a presidente y Porfirio Díaz fue un terrible dictador que sometió al pueblo, pero que tuvimos una gloriosa revolución que lo quitó del poder y nos llevó a la modernidad y a la justicia social.

Ese discurso es la estructura mítica y falsa de nuestra historia que nos esconde que no descendemos de los aztecas, que España no conquistó México, que la independencia se dio más por azar, casualidad y coyuntura que por un plan, que México existe a pesar de su revolución y no gracias a ella... y que México nunca ha tenido un pueblo unido o un proyecto de nación. Con el pasado que nos han construido no tenemos futuro, es por eso que es hora de construir otro, no basado en dogmas históricos sino en la reflexión y la lógica, dos cosas que el régimen posrevolucionario trató de arrancar de la mente del mexicano.

El problema es que los mitos son como las mentiras, cuando se cuenta una es necesario organizar toda una maraña que le dé sustento. Así pasa con nuestra historia; está basada en una serie de mitos fundamentales, y cada uno de ellos necesita otra serie de mitos menores que sustenten al fundamental…, aunque quizás fue al revés, tal vez al crear tanto y tanto mito fue necesario construir algunos pilares, por falsos que sean, que den soporte a un edificio que se sostiene en el aire.

Analicemos entonces los cuatro grandes megamitos que sustentan nuestra historia, los mitos con los que estos pilares se sostienen…, y los traumas que le han causado a México:

- El pasado indígena
- La conquista
- La independencia
- La revolución

Primer megamito: el pasado indígena,
o el mito del indígena mágico

Para que haya una conquista alguien tiene que ser conquistado; básicamente, decirnos que somos descendientes de los aztecas es para que la conquista posterior tenga sentido. El mito del indígena mágico comienza por decirnos que somos indígenas, es decir, que lo que se independizó en 1821 fue lo mismo que fue conquistado en 1521, lo cual es absolutamente falso, ya que el señorío azteca fue conquistado y destruido, Mesoamérica en general terminó su desarrollo cultural, que ya vivía su etapa de decadencia…

y un dato numérico y frío: de unos 25 millones de indígenas que había en 1521, 100 años después sólo quedaban 700 000… una catástrofe demográfica causada por la viruela y otras epidemias.

Este mito es una idea que nos ancla a la conquista y al eterno discurso de los que necesitan justificar las carencias de México; la idea fundamental es que todo era perfecto en el mundo indígena antes de que llegaran los españoles; no había ni corrupción ni enfermedades y todo era prosperidad y felicidad. Bajo este esquema, la llegada de los españoles truncó ese pasado extraordinario y dio origen a todas nuestras tragedias; de ahí que cinco siglos después aún nos lamentemos.

Este megamito del indígena mágico está compuesto por otros tantos, entre ellos, que México tiene 3 000 años de historia, cuando en realidad, si entendemos que México es un país mestizo, fusión de lo indígena y lo español (la prueba es que hablamos español), entonces tenemos que aceptar que México no puede existir antes de la llegada de Cortés en 1519. Sólo podemos hablar de un México con una historia de tres milenios si nos robamos la historia de Mesoamérica y la pretendemos nuestra; pero ni los olmecas, ni los toltecas, ni los mayas, ni los aztecas antiguos eran mexicanos: eran olmecas, toltecas, mayas y aztecas.

Otra parte del mito del indígena mágico nos dice que los aztecas, llegados de Aztlán, son nuestros ancestros, a pesar de que la principal mortandad, hasta llegar casi a la aniquilación, se dio entre los aztecas… y claro, que Aztlán es un mito creado por los propios aztecas. No obstante, si no nos dicen que somos descendientes de los aztecas conquistados, pues no habría mito de la conquista..., y aquí comienza a tejerse la telaraña, el mito indígena sustenta al de la conquista, pilar de nuestra identidad, y de nuestros traumas..., pero por increíble que resulte, en el siglo XXI aún se enseña a los niños en la primaria que Huitzilopochtli (que hasta donde se sabe no existe) guió a los mexicas por 100 años, desde Aztlán hasta el lugar donde había un águila devorando una serpiente.

Segundo megamito: el mito de la conquista, o Viva mi desgracia

Este megamito plantea que México fue conquistado por España y usa ese acontecimiento para convertirnos eternamente en un pueblo conquistado, cuya justificación para su pobreza es que "los españoles nos conquistaron", o que somos "un pueblo conquistado"..., con todos sus derivados: que nos sometieron a la esclavitud, que se llevaron toda nuestra plata, que embriagaron a los indios y les trajeron los vicios, que vino la peor calaña y por eso el mestizaje salió malo, por la parte española, etcétera.

Sería interesante reflexionar lo absurdo que es conmemorar una independencia, si de cualquier forma nos sentimos "un pueblo conquistado" y no "un pueblo liberado de sus conquistadores". Pero el mito y trauma de la conquista nos ha permitido siempre exculparnos de todas nuestras culpas, no asumir ninguna responsabilidad y achacar todas nuestras desgracias a la pretendida conquista o a cualquier elemento externo, nunca a nosotros; nos permite decir hasta el cansancio que siempre otro tiene la culpa, y como diría Pedro Infante, "¡Que viva mi desgracia!".

Algunos componentes de este megamito: el fundamental evidentemente es que España conquistó México…, con premeditación alevosía y ventaja. Como si un rey de España, viendo la riqueza de un país llamado México, le hubiera ordenado a Hernán Cortés comandar un gran ejército conquistador, lo cual nunca ocurrió. Cortés salió de Castilla en 1504, cuando Carlos V tenía cuatro años, y comenzó su expedición de conquista, por cuenta e iniciativa propia, de hecho invirtiendo su propia fortuna, en 1519, cuando Carlos V tenía 19 años, era emperador germánico y no tenía ni idea de la existencia de un tal Hernán Cortés.

El día definitivo de la conquista, no de un país llamado México, sino de una sola ciudad llamada Tenochtitlan (mito centralista y chilango), fue el 13 de agosto de 1521. Con estas fechas es imposible que España conquistara México, ya que ninguno de esos dos países existía en aquellos tiempos. México, como país mestizo, nace de hecho hasta que llegan los españoles, que no son nuestros conquistadores sino uno de nuestros orígenes. España tampoco existía, ya que la Península Ibérica vivía un proceso de unificación de diversos reinos. El primer rey que asumió el trono de una España unificada fue Felipe II en 1556.

Al trauma de una conquista terrible y despiadada hay que sumar el mito de la traición hecha mujer, la terrible Malinche… la niña de 17 años que hizo que cayera un imperio… así de ridículo. La Malinche prefirió al extranjero y nos traicionó… como si una esclava de 17 años pudiera elegir… y tener ese poder.

Y claro, como ni Mesoamérica ni el señorío azteca eran México, ni los aztecas eran un país, no había, pues, patria mexicana, y es imposible que la Malinche la haya traicionado, pero desde entonces convertimos su infame nombre en adjetivo despectivo aplicable a todo aquel que guste de lo extranjero: MALINCHISTA. Pobre México, conquistado y a traición.

Tercer megamito: el mito de la independencia, o liberales pero guadalupanos

La mentira básica de este mito es decirnos que, tras tres siglos de dominio y esclavitud bajo las cadenas de la opresión española, México recuperó su independencia y continuó su historia…, un México que no existía antes de que llegaran esos opresores españoles. El mito nos pretende decir que en 1821 se independizó lo mismo que fue conquistado en 1521; como se ha visto, evidentemente falso, pues no se liberó un señorío azteca de habla náhuatl, construcción de pirámides (basamentos) y culto a Huitzilopochtli, sino un reino hispano, de lengua española, con arquitectura barroca y neoclásica, católico…, y muy guadalupano; y no hay que olvidar que la virgencita es la madre del dios católico que trajeron los españoles.

Parte vital del mismo megamito es plantear a un pueblo mexicano unido que luchó durante 11 años en una guerra contra España, hasta que obtuvo la independencia. Se nos relaciona a todos los héroes de la independencia como si todos hubieran estado de acuerdo, todos fueran aliados y amigos y compartieran un proyecto común. Cuando la revuelta de Hidalgo en 1810 (en nombre del rey de España) poco tiene que ver con el proyecto republicano de Morelos, y que de hecho los seguidores de Hidalgo que sobrevivieron eran prácticamente enemigos de Morelos... cuyo movimiento, de cualquier forma, no fue el que nos dio patria y libertad, sino que el libertador, guste o no a los sacros guardianes de la historia oficial, fue Agustín de Iturbide, el hombre que nos dio patria, libertad, bandera y hasta el nombre para el país.

Otra parte del mito es que nuestra independencia estuvo inspirada en la de Estados Unidos y en la Revolución francesa, cuando éstas fueron llevadas a cabo por burgueses, ateos, masones, liberales, ilustrados y comecuras... y la nuestra la hicieron curas conservadores en un país sin burguesía ni ilustración. Pero es que parte del mito general de México es decirnos que nuestra historia es la evolución del conservadurismo al liberalismo, por eso preferimos de padre de la patria a un Hidalgo que, eso sí, era muy ilustrado, y no a un aristócrata como Iturbide, que en vez de ser excomulgado como Hidalgo recibió el apoyo del clero para llevar a cabo la independencia.

La Revolución francesa fue resultado de la ilustración atea y creó de hecho un culto a la ciencia..., nuestra independencia se hizo al amparo de la virgencita de Guadalupe. La independencia de Estados Unidos la hicieron los colonos burgueses capitalistas..., y en México, hasta en el siglo XXI pensamos que el capitalismo es nuestro enemigo..., aunque veneremos a Juárez, el pastorcito que llegó a presidente e IMPUSO EL CAPITALISMO.

Dato cultural: la bandera independentista fue la Virgen de Guadalupe…, que fue nada más y nada menos que la principal herramienta conquistadora.

Cuartomega mito: el mito revolucionario, o el pueblo unido jamás será vencido

La base de este megamito es precisamente decirnos que México tuvo una revolución, que ésta fue de carácter social, de hecho la primera revolución social del siglo XX, que la luchó el pueblo contra la tiranía de Porfirio Díaz, que evidentemente la ganó el pueblo, y que de ella se derivó un México moderno, y desde luego con justicia social.

Este mito intenta justificar varias cosas: una guerra civil de dos décadas con el simple objetivo de tomar el poder, lo cual resulta poco digno y menos heroico aún…, y desde luego, pretende justificar una dictadura de partido de siete décadas continuas. Tan contradictorio es México, y tanto está acostumbrado a eso, que no le resulta extraño que la revolución haya sido supuestamente por democracia, encabezada por el apóstol de la democracia… y que de ella emanase un partido dictatorial que evitó la democracia todo el siglo XX.

Por esta misma razón casi nadie nota lo ridículo del nombre que adoptó el partido con el tiempo: Partido Revolucionario Institucional, la paradoja y la contradicción tan propias de México están en el partido dictatorial: la revolución significa cambio, lo institucional está quieto e inamovible, son básicamente conceptos antagónicos, pero forman el nombre del partido. Claro que la idea era dejar claro que los ideales de la revolución quedaron institucionalizados en el partido, para lo cual fue necesario crear más mitos.

Además de crear el mito de convertir una masacre por el poder en una revolución, se inventó el mito de que fue social y la ganó el pueblo, cuando en sus diversas etapas la encabezaron aristócratas como Madero, Carranza y Obregón; fue necesario entonces crear los mitos de Zapata y de Villa como los héroes populares, y callar en la medida de lo posible que fueron asesinados precisamente por los que sí ganaron la revolución: Carranza y Obregón.

Otros componentes del mito se plasmaron en murales, donde vemos al campesinado marchando a la guerra… sólo que esto no ocurrió contra Díaz, sino que fue Zapata contra Madero. Otro componente del megamito fue hacer de Díaz, el hombre que nos dio modernidad, un tirano despreciable (fue tan dictador como Juárez y sus 15 años de gobierno sin ganar elecciones, pero Juárez es dogmáticamente bueno).

Como surgió un partido que monopolizó el poder y la revolución, fue necesario inventar la revolución y sus supuestos valores, ésta fue labor principalmente del Tata Cárdenas… por cierto, otro complejo dañino como pocos, necesitar siempre un padre, un Tata, un Mesías, un protector, un dios omnipotente que nos dirija a todos, aunque eso nos haga a todos un tanto estúpidos y autómatas.

Con tanto mito, pasa a segundo término la verdad: que el héroe Carranza mató al héroe Zapata, el héroe Obregón mató a los héroes Villa y Carranza, el héroe Plutarco Elías

Calles mató al héroe Obregón y después fue expulsado del país por el héroe Cárdenas. Tanto matadero entre supuestos próceres nos deja claro que, así como no hubo una misma independencia, en definitiva no hubo una misma y única revolución.

Pero la peor parte del megamito revolucionario se resume en una frase que tristemente subsiste en el siglo XXI: "me hizo justicia la revolución", que básicamente se dice cuando alguien, después de quizás décadas de espera, recibe una dádiva gubernamental o un puesto burocrático..., o peor aún, está relacionado con la idea de que, como nuestros bisabuelos se mataron en una guerra civil, ahora merecemos tener todo gratis.

Una revolución es un cambio radical de las estructuras del país... y eso no ha ocurrido nunca, porque precisamente a ese cambio radical, que urge, es a lo que más temen todos los políticos... pero mientras el pueblo se alimente del mito de que ya se dio ese gran cambio con la revolución, los políticos, del color que sea, pueden dormir tranquilos, por eso se sigue enseñando el mito revolucionario.

Por eso en el siglo XX todo partido político, movimiento, sindicato u organización social que se respete debe llevar en algún sitio de su nombre el adjetivo de revolucionario; el ciudadano que es parte de alguno de estos grupos termina por ser escuchado, el ciudadano de a pie, el clasemediero sin sindicato, partido u organización poco importa a los políticos, menos aún si tiene un poco de pensamiento libre.

Por eso el Tata Cárdenas prefirió ser padre amoroso de un pueblo no pensante y lo aglutinó en diversas organizaciones revolucionarias, cada una de las cuales pretende ser el pueblo mexicano, que luchan sólo por los intereses de su grupo, persiguen la dádiva, pero eso sí, al grito revolucionario de que EL PUEBLO UNIDO JAMÁS SERÁ VENCIDO..., lástima que el pueblo mexicano no haya estado unido nunca, y que ningún grupo social represente al pueblo. Divide y vencerás, una máxima virreinal retomada por el Tata Cárdenas.

EN RESUMEN: Conquistados, derrotados, abandonados por los dioses pero acogidos por una madre celestial traída por la religión del conquistador. Contradictorio, aferrado al pasado, lamentando eternamente la conquista y repudiando al español en español. El mexicano es el contrasentido total, una madeja de confusiones, un amasijo de ideas torcidas y de historias fantasiosas; una víctima de su pasado, convencido de que merece más de lo que tiene, pero empecinado en destruir su destino y seguir en la eterna búsqueda de culpables, que quiere que México cambie sin que él tenga que cambiar. Sueña eternamente con un país mejor..., pero sigue construyendo sobre viejos mitos.

SEGUNDA SESIÓN

Los traumas de la conquista

—Bueno, señor México, vayamos a lo básico para tratar de entender sus complejos; hábleme de sus padres.

—¿Sabe, doctor?, mis recuerdos paternales están borrosos y confusos… prefiero no hablar de eso.

—AJÁ… ese miedo nos dice que por ahí está la clave; insisto, señor México, vayamos a su tierna infancia, a sus orígenes. Comencemos por su padre o por su madre, por quien usted prefiera.

—La verdad es que mis recuerdos al respecto no son recuerdos reales, son más bien retazos de historias que he escuchado.

—Bien, comencemos por ahí, que es lo que sabe según lo que ha escuchado.

—Pues parece ser que mi padre fue un viejito bonachón que era cura, que tuvo varios hijos aunque renegó de todos, pero todo el tiempo escucho que ese tal Miguel Hidalgo fue mi padre.

—¿Y su madre?

—Eso es lo confuso, parece que sólo tengo padre, he escuchado que una prestamista llamada Leona Vicario ostenta el título de dulcísima madre de la patria... pero la que no recuerdo que haya hecho nada por mí, más que ayudar a mi nacimiento al prestar un dinero que luego cobró con creces.

—¿Y eso cuándo ocurrió?

—Pues por ahí de 1810.

—Pero eso fue hace nada, señor México, y usted alega tener miles de años... no lo entiendo en verdad.

—Es que antes de eso es doloroso recordar, ya se lo conté doctor, es el tiempo en que estuve sometido por las cadenas de la esclavitud.

—Bueno, señor México, mientras no deje de recordar ese episodio de esa forma, en realidad podríamos decir que usted sigue conquistado y sometido... aquí, en su mente, y eso es justo lo que debemos cambiar. Dígame, qué sabe de ese tal Miguel Hidalgo.

—Pues dicen que me liberó... aunque luchó cuatro meses de una guerra de 11 años, y su firma no está en mi acta de independencia... no entiendo bien.

—¡Perfecto!, si lo liberó quiere decir que usted ya existía, así es que Hidalgo no puede ser su padre. No puede liberarse lo que no existe previamente, es lógico. ¿Está de acuerdo con eso?

—Pues sí, tiene sentido. Pero entonces, ¿quién es mi padre?

—Dígamelo usted, según entiendo tiene usted toda una herencia, ¿quién se la dejó?

—Herencia, doctor, eso quisiera, ¿no le digo que soy pobre...? eso sí, pero honrado... porque fui despojado por...

—Luego hablamos de eso, me refiero a su religión, su guadalupanismo, su arte barroco y neoclásico, sus fiestas patronales, su folclor.

—Ah, vaya, pues sí, todo eso viene de mucho antes que Hidalgo, es de la época…

—Siga, siga.

—Es de la época virreinal, doctor, es lo que me dejaron los…

—Ánimo, dígalo.

—Es lo que me dejaron los españoles, doctor.

—¡Tenemos un gran progreso aquí, señor México!

—Pues sí, parece que algo me dejaron esos… españoles.

—Además de su idioma, como hemos dejado claro en la sesión anterior.

—Muy bien, doctor, Dios y el idioma español… pero ya, ninguna otra cosa dejaron esos méndigos, recuerde que vinieron a saquearme.

—Y dígame, ¿quién fue el primero?, ¿quién trajo ese idioma, ese guadalupanismo, ese tipo de ciudades?

—Pues… vaya…, bueno… pues fue Hernán Cortés.

—¿Y cree usted que tendría todo eso que tiene sin Hernán Cortés?

—Bueno, pues… qué difícil lo hace doctor… pues NO, supongo que en efecto le debo todo eso a Cortés… a… a mi padre.

—¡Finalmente ha recordado a su padre!

—Sí, doctor… pero lo odio… era un salvaje, de la peor escoria de España, eso dicen todos de él, hasta decía Diego Rivera que era deforme, jorobado y sifilítico, ¿quién puede estar orgulloso de un padre así?

—Sigamos con eso de usar la lógica, señor México. ¿Cree usted que un hombre, de la peor calaña de España, ignorante, y además deforme, jorobado y sifilítico, podría haber conquistado todo un mundo y crear un nuevo reino como Nueva España?

—Mmmm… pues, supongo que no tiene sentido.

—Si usamos la lógica, no, no tiene sentido. No olvide que Rivera, como todos los muralistas comunistas, era auspiciado por gobiernos como el cardenista para pintar precisamente su versión de la historia… independientemente de que, en lo personal, creo que Diego Rivera es un gran ejemplo del trauma de conquistado.

—Pero si es uno de mis hijos más talentosos, su arte ha dado la vuelta al mundo.

—No hablamos aquí de su talento artístico, indudable, sino de sus traumas y complejos. Por un lado dibujó a Cuauhtémoc como un hombre casi de 1.80, musculoso, como semidiós griego, y del otro plasma a Cortés, tal cual, con joroba, cara de idiota, boca babeante, pálido, enfermizo, ojeroso. ¿No cree absurdo que un hombre así haya derrotado al Cuauhtémoc de Rivera?

—Quizás me hayan mentido sobre mi padre… pero es que nunca lo he pensado.

—¡Quizás ése sea el problema!

Los sueños rotos de Hernán Cortés

Hernán Cortés murió en Sevilla en 1547, poco después de obtener de Carlos V una ley para que la Inquisición no pudiera juzgar a los indígenas. Iba en camino a Cádiz para volver a Nueva España, cuando detuvo su viaje al sentir la cercanía de la muerte.

Sus tres hijos, dos de ellos mestizos, estaban en España con él; sus seis hijas, tres mestizas y tres españolas, estaban en Cuernavaca. Tenía el conquistador 62 años de edad y miles de kilómetros recorridos; además de su viaje que culminó con la toma de Tenochtitlan, Cortés exploró Centroamérica, el litoral del Pacífico, la Península de Baja California y el mar que hoy lleva su nombre. Además había viajado a España y de vuelta a América en 1528, y en sus últimos años se dio el lujo de luchar junto a su emperador, Carlos V, contra los turcos.

Don Hernán mandó llamar a un notario cuando supo que no tendría fuerzas para volver a América. Dejó herencia para sus nueve hijos y se lamentó de que la codicia de Carlos V hubiera convertido a su Nueva España en una colonia, y no en el reino independiente que el propio Cortés había vislumbrado.

Recomendó que la Inquisición fuera retirada de Nueva España para que la Iglesia no se apoderara (como lo hizo) del nuevo reino. Dejó una de sus propiedades y una fortuna para construir el Hospital de Jesús, y como última voluntad solicitó que sus restos fueran llevados al que consideraba su país: Nueva España.

Más de la mitad de su vida había estado Cortés en América, 34 años, y se sentía un total extranjero en España. Nunca había estado en realidad muy adaptado a la vida española, por eso dejó la península a los 19 años de edad; a los 35 ya había construido un nuevo reino que planeaba como pluricultural, y distante de la medieval Castilla; una nueva sociedad con una nueva raza donde el hispano y el indio fueran iguales y dieran a luz al nuevo habitante de esa Nueva España: el mestizo. Con su último aliento sabía que todos sus sueños se habían hecho añicos por la ambición y la falta de visión de Carlos V.

Desde que Cortés pisó suelo mesoamericano, en 1519, firmó tratados de paz con los mayas de Yucatán y de Tabasco, con los cempoaltecas totonacas, los cholultecas, los tlaxcaltecas y con diversos señoríos del lago de Texcoco. Durante seis meses vivió en paz en Tenochtitlan; eso sí, reteniendo a su lado a Moctezuma para gobernar a través de él.

El miedo, pero sobre todo la codicia de varios de sus capitanes, principalmente el salvaje Pedro de Alvarado, hicieron que la guerra fuera inevitable. Tras un año de estancia en Tlaxcala, Cortés se puso al mando de decenas de miles de indígenas y el 13 de agosto de 1521 se hizo amo y señor de la capital azteca; como hiciera con Moctezuma, conservó vivo y a su lado a Cuauhtémoc como símbolo de autoridad.

Tras la derrota azteca firmó pactos con muchos pueblos y sometió a otros tantos; obtuvo la obediencia de todos los señoríos, desde la zona maya hasta la costa del Pacífico. Desde esa fecha él fue el Tlatoani, y el Señor de todos los pueblos de Mesoamérica; es decir, el primer gobernante de México.

Hernán Cortés tuvo siempre un proyecto y trató de llevarlo a cabo mientras gobernó; por extraño que se escuche: una Nueva España independiente de España. Es decir, tomó posesión de todo en nombre del rey Carlos V, a quien siempre fue leal, y siempre mandaba a España el quinto real, el impuesto que se le debe al rey, pero fuera de eso, y de reconocerlo como máximo soberano, Cortés se dedicó a establecer la agricultura, tanto de frutos americanos como europeos, alentó la minería, se dedicó a la construcción de barcos y puertos para comerciar con Perú y con el oriente... siempre con la idea de que, una vez descontado el quinto del rey, toda la riqueza generada se quedara en esta tierra.

Dentro de los planes de Cortés estaba fomentar el mestizaje, por lo que prohibió la llegada de mujeres españolas y casó a sus capitanes con princesas indígenas; él mismo tuvo hijos mestizos a los que reconoció, bautizó y en su momento heredó; incluso solicitó una audiencia para llenar al papa de regalos y obtener que reconociera a sus hijos ilegítimos.

Dentro de su proyecto mestizo se incluía la cultura, no pretendía imponer las formas de pensar hispanas, sino una adaptación de culturas; eso sí, todos bautizados y cristianos, pero incluso ahí tenía en mente una visión mestiza del cristianismo que no despreciara a las divinidades originarias, por eso siempre quiso franciscanos y sólo franciscanos en su reino, porque esa orden compartía su visión.

Hay que decir que la Nueva España de Cortés no incluía las tierras chichimecas, ya que no quería el conquistador una guerra sangrienta contra esas tribus nómadas del norte. Dentro de lo que sí era su México, siempre hubo paz y prosperidad, y los pueblos indígenas respetaban al gobierno de Cortés. Poco tiempo duró aquello antes de que otros españoles, muchos de ellos sus compañeros de batalla, otros tantos enviados desde la Península, y desde luego los propios reyes españoles, dejaran que la codicia destruyera el proyecto mestizo de Cortés.

Por exigencia de Hernán Cortés, los franciscanos, además de evangelizar a los indios y educarlos en latín, aprendían náhuatl; tanto castellano como náhuatl debían ser los idiomas de ese nuevo reino en la visión del conquistador; él mismo aprendió a hablar el náhuatl desde 1521. Dato cultural. Cuauhtémoc hablaba un elegante español para 1522.

Hernán Cortés sabía leer y escribir tanto castellano como latín, y más adelante náhuatl; era bachiller en leyes y conocía de derecho canónico. En la Castilla de su tiempo estaba totalmente por encima del promedio; era pues, en contra de los rumores populares, un hombre educado. Pero lamentablemente, y él mismo lo sabía, la gente que lo acompañaba no era igual; la avaricia desmedida los dominaba, siguieron explorando territorios para someterlos y extraerles su riqueza.

Pero el más avaricioso de todos, y el que más daño hizo, estaba a más de 8 000 kilómetros de distancia; el emperador Carlos V quería más y más, ninguna riqueza saciaba su codicia, se daba una vida de lujos y superficialidades que mantenía con deudas, y luego pretendía pagar con riqueza americana. Además tenía que financiar la vida de guerras inútiles en las que vivió inmerso.

Carlos V exigió que el quinto real se convirtiera en tercio; es decir, 33% de la producción en lugar de 20%, y no tenía reparos en explotar de más a los indios para obtener mayor producción; decidió establecer monopolios reales en la producción y controlar la economía desde Europa. Cuando Cortés se negó a todo eso, simplemente fue destituido de todos sus cargos.

Fue por ello que en 1528 viajó a España a entrevistarse con el rey, y aunque obtuvo la ley de protección de los indios, no logró que le restituyeran el poder y por lo tanto nunca pudo aplicarla; sólo consiguió que un franciscano, fray Juan de Zumárraga, fuera nombrado obispo en Nueva España y protector de los indios, y a él le encomendó el cuidado de la población indígena.

Fue a partir de ese momento cuando la voracidad española comenzó a devastar la Nueva España. Mientras Cortés promovía el mestizaje, la corona española lo prohibió, además de que usó a los indios en guerras para conquistar más territorios y en explotación de yacimientos mineros. Para la corona española, en poder de una familia austriaca, los Habsburgo, los indios eran sólo un recurso más.

Cortés logró mantener el título de Capitán General y así regreso a Nueva España; es decir, como mayor jefe militar, toda expedición, exploración o guerra dependía de él, y desde esa situación de poder evitó las guerras chichimecas, además el poder de Cortés iba más allá de rangos o títulos oficiales; los indígenas lo obedecían y respetaban.

Fue por eso que el conquistador se fue convirtiendo cada vez más en una piedra en la real bota de Carlos V, quien finalmente tomó la decisión de nombrar un virrey; es decir, una especie de vicemonarca con poderes absolutos, lo cual, desde luego, quitaba a Cortés toda la autoridad que aún mantuviera. El primer virrey fue Antonio de Mendoza y llegó a ejercer sus funciones en 1535; el sueño de Cortés se evaporó y su idealizada Nueva España autónoma y mestiza se convirtió en un virreinato, y fuente de riqueza y financiamiento de una corona española cada vez más codiciosa.

El virrey Mendoza tenía los cargos de Capitán General, presidente de la Audiencia, intendente de la Real Hacienda, Justicia Máxima y Patrono de la Iglesia novohispana; es decir que manejaba el Poder Ejecutivo, el Legislativo y el Judicial, manejaba las finanzas y controlaba a la Iglesia. Todo el poder en una persona totalmente obediente al rey.

Pero una de sus funciones no declaradas era despojar a Cortés de todo lo que tuviera. Para ese entonces se dedicaba don Hernán a la construcción de barcos y al comercio en el océano Pacífico, además de gobernar el gran territorio de miles de hectáreas que se le dio con el título de Marqués del Valle de Oaxaca. Mendoza le confiscó sus barcos y sus cuentas, arrestó a sus hombres y, aunque no podía quitarle el título de Marqués del Valle, lo despojó de casi todas sus propiedades. Además mandó ejecutar otra orden de Carlos V: instalar la Inquisición.

Fue por todo eso que Cortés viajó de nuevo a España, peleó junto a Carlos V contra los turcos para obtener de nuevo su simpatía; pero ese hombre, que con tan sólo 400 exploradores logró conquistar a los aztecas, vio cómo su cobarde emperador, al mando de 36 000 soldados experimentados y en más de 300 navíos artillados, cantó la retirada a causa del mal tiempo.

Aun así, Cortés consiguió la orden real de que la Inquisición no juzgara a la población indígena. Le parecía absurdo acusar a indios recién convertidos de delitos contra la fe, y ya había presenciado el terrible e injusto juicio y condena del cacique de Texcoco. La orden real viajó a Nueva España, pero Cortés ya no pudo hacerlo, nada añoraba más que volver a tocar el suelo de la que ya consideraba su patria, pero tuvo que conformarse con pedir que sus restos fueran traídos a descansar en la ciudad de México. Murió en 1547 y su cuerpo no llegó hasta 1567. Aun muerto le tenía miedo el rey... y razón tenía, la llegada de los restos de Cortés a su Nueva España propició, de hecho, la primera guerra de independencia, encabezada por sus tres hijos, pero frustrada por las autoridades.

En 1556 Carlos V, el emperador con más sueños de grandeza pero con más derrotas, renunció a todos sus tronos y dejó la corona española en poder de su hijo, Felipe II, quien al ser hijo también de la reina de Portugal heredó ambos tronos, y por lo tanto todas las colonias portuguesas, que además de Brasil incluía costas en toda África, en India y en China. Fue el hombre más poderoso del mundo hasta su muerte, en 1598.

Felipe II heredó ese gran imperio mundial a su hijo, Felipe III; la Nueva España creada por Hernán Cortés pasó a ser no una propiedad o conquista de España, sino, peor aún, una propiedad personal de la familia más poderosa del mundo: los Habsburgo, quienes gobernaron España, y por lo tanto Nueva España, vista siempre como fuente de recursos y financiamiento, hasta el fin de su dinastía, en 1700, cuando el último Habsburgo español murió sin descendencia.

Claro que podemos seguir creyendo las versiones tradicionales y ver a Cortés como ese ruin, cruel y avaricioso

conquistador, ser perverso y malévolo que tan sólo babea-
ba ante la vista del oro azteca, y que era, como nos encanta decir en México, de lo peorcito de España. Podemos
incluso quedarnos con la versión de Diego Rivera, quien
haciendo gala de un tremendo complejo de conquistado
plasmó al llamado conquistador como un enano albino,
deforme y jorobado, con cara de estúpido y absolutamente
enfermo, sifilítico para ser exactos, como explicó el propio
Rivera.

Podemos ver así a ese hombre y llamarle conquistador;
pero entonces deberíamos recordar que, si así de enfermo, de deforme, de perverso, estúpido y degradado, "nos"
conquistó, al mando de menos de 1 000 hombres... muy
poca cosa serían los aztecas, y no ese pueblo grande y maravilloso descrito por los románticos adoradores del pasado. También podríamos entender que, nos guste o no, ese
hombre es el padre de México, ya que sin él y su llegada, sin
sus aventuras y peripecias, nada de lo que hoy somos, sería.

El nacimiento de México
y la crisis de identidad

Si entendemos que el concepto Estado es la unión de un territorio, una población y un gobierno... que eso es un país,
y que el concepto nación tiene que ver con los sentimientos
de identidad, basados en la lengua, la cultura, la religión...
tendríamos que aceptar que no había eso cuando llegó
Cortés a Mesoamérica. Antes de 1521 no existe una nación mexicana. México surge de la unificación territorial

de Mesoamérica bajo una sola lengua, cultura y religión; y claro, un solo gobierno que lo controla y administra. El creador de eso en este territorio se llama Hernán Cortés.

Pero tenemos EL MITO DEL CONQUISTADO, que nos dice que descendemos de los aztecas y evidentemente de las demás culturas mesoamericanas, como olmecas, toltecas y teotihuacanos... aunque éstas ya no existían en el siglo XVI. Volviendo al megamito del indígena mágico, sabemos (sin cuestionarlo) que estas culturas de la edad de piedra, como indígenas, eran pacifistas, vivían en contacto con la naturaleza, armonía con el cosmos, eran ecologistas, y poseedores de conocimientos místicos y superiores... pero todo eso se terminó cuando llegaron los españoles a traer su maldad. Somos, por tanto, un pueblo conquistado.

Poco le importan las verdades a los mitos. Poco importa saber que los diversos pueblos indígenas de lenguas, tradiciones, gobiernos y religiones distintas se hacían la guerra entre ellos, que aztecas y mayas hacían sacrificios humanos, que había canibalismo ritual, que muchas ciudades fueron abandonadas por agotamiento ecológico y que los conocimientos místicos nada pudieron contra 400 aventureros españoles. La verdad no nos interesa si contradice la comodidad del mito.

El mito del conquistado se complementa con EL MITO DEL CONQUISTADOR, si nosotros somos aztecas, pues fuimos conquistados por el español, el tirano, el malo de la historia que conquistó una nación llamada México.

Poco importa que se acepte la lógica del mestizaje, que incluye a lo español, sigue siendo etiquetado como conquistador, aunque para ese entonces España no terminaba de consolidarse como reino. Los mitos se complementan para sustentarse mutuamente, y no puede haber conquistado sin conquistador.

Y claro, como es necesario explicar que 400 hombres de la escoria de España conquistaran un país de superhombres místicos, es necesario otro mito que explique lo inexplicable, y tenemos entonces el MITO DE LA TRAIDORA; la Malinche, una mujer de 17 años culpable de que cayera el señorío azteca... por ridículo que suene.

Tenemos un legado indígena, aunque preferimos al indio muerto, por eso vamos a Teotihuacán y a Chichen Itzá a ver las piedras que dejaron los indios que ya no están, pero poco nos ocupamos del indio vivo, ese que tenemos como pieza de museo y estancado en el siglo XVI, con sus usos y costumbres, algunos tan deplorables como el derecho del padre a vender a su hija de 13 años por un cartón de cervezas al hombre que la quiere desposar... o más deplorable, la ancestral tradición de mostrar la sábana manchada de sangre para mostrar la virginidad de la niña violada (porque sólo tiene 13), con lo cual se demuestra la virilidad del macho que la desfloró.

Habría que señalar que esa costumbre es del virreinato, porque el sexo como pecado es una tradición judeocristiana... así como del virreinato son los bailes y trajes de la Guelaguetza, el taco, el tequila, el pan de muerto, el traje de charro y la charrería, los trajes de tehuana o de china poblana... todo virreinal, es decir: mestizo.

Extraña relación con nuestro legado indígena, que se complementa con el odio a nuestra otra raíz: el español, y que se agrava con la idea de la traición malinchista. Así pues, la conjunción del mito del conquistado, el mito del conquistador y el mito de la traición, hacen imposible la conformación de la identidad cultural del mexicano.

Costruyendo el traumático
laberinto de la soledad

De entre todos los mitos que nos han dado traumas, difícilmente encontraremos uno más enredado, rebuscado y retorcido que el de la Conquista, que extraña y tristemente le da fundamento a la identidad nacional como un pueblo nacido de la derrota. "Todos sabemos" que México fue conquistado... aunque incluso hay gente que no sabe por quién; "todos sabemos" que tuvimos una independencia, aunque no todos saben de quién, supuestamente, se independizó México.

En realidad, los 3 000 años de historia de México se podrían resumir de forma muy escueta según el imaginario colectivo: tenemos 3 000 años de historia, éramos indígenas felices, evolucionamos hasta ser el gran imperio azteca, entonces fuimos conquistados por los españoles y se interrumpió con ello nuestra gloriosa historia, estuvimos sometidos tres siglos, hasta que los aztecas, ahora llamados mexicanos, nos liberamos de España, que nos sometía con las cadenas de la esclavitud.

Sin embargo, y por razones no muy claras, no se logró justicia y desarrollo en un siglo, en gran medida por tres cosas: el estigma de ser conquistados, la infame venta/robo del territorio en manos de Santa Anna y la dictadura afrancesada de Porfirio Díaz. Luego hubo una revolución que nos hizo un país moderno, dotado de instituciones y con derechos sociales... aunque se llegó al siglo XXI prácticamente sin nada de eso... y la pregunta sigue en el aire: ¿Quién es el culpable?

Ir por la vida con la idea de que fuimos conquistados y saqueados por los españoles nos daría, prácticamente, la obligación de odiarlos, por eso hasta la década de los setenta aún se escuchaba en el grito de independencia el "mueran los gachupines" del revoltoso Hidalgo. Claro está que no hemos matado a los gachupines, y de hecho si lo hiciéramos, moriría la mitad de nuestro ser. En México, matar al español sería un suicidio.

Evidentemente, renegar de nuestro origen indígena sería también renegar de nosotros mismos, porque los mexicanos somos exactamente eso: el indígena y el español. Pero bien visto, de hecho gran parte de los problemas de México se derivan precisamente de que los mexicanos renegamos de nosotros mismos: el que se siente conquistado por el español pero dice no ser indio, y el que dice no ser indio, pero reniega del español... en español.

Un ser que es español y que es indio, y que repudia a ambos, está absolutamente solo, y evidentemente, en un laberinto de paradojas... ahí está *El laberinto de la soledad* de Octavio Paz: "Es pasmoso que una nación tan rica en tradición sólo se conciba como negación de su origen" (Paz, 1950).

Es por esto que México es ante todo una experiencia psicológica: reniega de su conquista, pero fundamenta en ella su identidad, ya que es su pretexto universal para todas sus derrotas: el ser conquistado, eso sí, un ser conquistado que rechaza ser indígena, no acepta ser español y entonces termina por no ser nada.

Evidentemente, la Conquista como fundamento de la identidad es simplemente el complemento del mito que nos dice que México existía antes de 1521, y que de hecho 3 000 años de culturas mesoamericanas, de los olmecas a los aztecas, eran ya México... aunque México sea un país donde predomina el catolicismo, el guadalupanismo, el barroco... y claro, el idioma español, y nada de eso existiera antes de la llegada de Hernán Cortés.

Pero si ya bastante desafortunado es fundamentar una mexicanidad en un ser indígena que no entendemos del todo, e inconscientemente rechazamos, y en una derrota mal llamada conquista, más fatídico aún resulta haber complementado esa identidad mexicana con humildad y pobreza... aunque desde luego es complementario: conquistados, y por lo tanto pobres... pero honrados, y por tanto, humildes.

Y es que la mexicanidad de la Conquista se complementa con la de la Revolución, o mejor dicho, con la del mito muralista de la revolución, que nos presenta al campesino oprimido levantándose, como un solo ser nuevamente, contra la opresión de la aristocrática dictadura de Porfirio Díaz. Los gobiernos posrevolucionarios hicieron sólo una cosa por el indio, y fue cambiarle el nombre, lo bautizaron como campesino, y así, en lugar de tener a la indiada, tuvieron al campesinado, elemento vital en la nueva política del acarreo, emanada de la revolución.

El indio pobre del siglo XIX se convirtió en el campesino pobre del siglo XX, sólo que ahora representado en un sector del partido que monopolizó la supuesta revolución. La nueva educación histórica, hecha para exaltar la guerra civil que entronizó al régimen, plasmó una revolución social que nunca existió, y que, de existir, fue evidentemente fracasada, vistos los 50 millones de miserables de un siglo después de la Revolución.

La llamada historia oficial no es otra cosa que la que implementaron, como dogma y por decreto, los gobiernos posrevolucionarios, con la idea de fundamentar con ella la identidad nacional; esta historia, oficial e incuestionable, fue la que nos convirtió de un día para otro en descendientes de aztecas conquistados, que le mientan la madre al español en español. Es también la historia que estableció que el indio pobre del siglo XIX (evidentemente nunca independizado por la independencia) fue el que luchó por sus derechos y se erigió como campesino afiliado al partido… un campesino con dádivas que lo llevan a las urnas, pero nunca al progreso.

Ahí está pues, el laberinto de soledad y paradojas en el que vive perdido el mexicano: un ser que es en parte indio pero no quiere ser indio, que es en parte español pero reniega de su hispanidad; un país de mestizos que presuntamente está orgulloso de su mestizaje cultural pero donde nadie se acepta como un mestizo, y buscan entonces su indigenismo o su hispanidad. Un país mestizo donde se niega la mitad española de ese mestizaje. Un pueblo que nació del encuentro, por violento que fuera, de los aventureros de Cortés con el mundo amerindio, pero que pretende despreciar a Cortés y transformar su epopeya en una conquista, NUESTRA conquista.

Es así como llegamos a ser un mestizaje de indigenismo e hispanidad que rechaza la hispanidad y el indigenismo, donde históricamente el indio veía al mestizo como un traidor, por tener sangre española, y el español lo veía como inferior, por tener sangre india... un país donde al final todos somos mestizos, con una tradición de desprecio al mestizo.

Somos entonces un país que pretende ser conquistado, que fundamenta su ser en la conquista, y por lo tanto en la derrota, y que complementó esa identidad nacional con la caricatura indigenista de los gobiernos posrevolucionarios, que nos hacen vivir en la idílica y estúpida añoranza de una supuesta gloria que tuvimos hace más de 500 años. Indios, conquistados, pobres (pero honrados) y nostálgicos del pasado. La receta perfecta para no llegar nunca al futuro... y es lo que nos siguen enseñando.

El mexicano, que no es mestizo, español, ni indio, ni nada, va a templos barrocos de origen español a venerar al dios que trajeron los españoles y, ante todo, a su madre virgen... todo eso al tiempo que repudia su ser español. Ese mismo extraño ser siente orgullo de los indios y su cultura, pero venera, como se ha señalado, al indio muerto, al que ya no está pero dejó Chichen Itzá y Teotihuacán. Cuando vienen los turistas los llevamos a que vean el legado de los indios muertos, nunca a que vean la realidad de los indios vivos.

Así es como de pronto las ruinas de Teotihuacán y, ahora que son maravilla de la humanidad, las de Chichén Itzá, han querido ser consideradas como iconos exclusivos de la verdadera mexicanidad, a pesar de que en ambos casos seguimos sin tener absoluta certeza de quiénes las construyeron, ni cuándo o por qué las abandonaron... hay una sola cosa segura: no fueron mexicanos, porque no hay mexicanos antes de 1521.

Este mexicano contradictorio y paradójico, atado al pasado, es un mexicano que no le sirve a México, es el que vive de la nostalgia, el que dice que todo tiempo pasado fue mejor, pero es incapaz de construir el futuro, el que busca culpables de nuestras miserias pero no soluciones, el que se sumerge en la comodidad de los mitos oficiales para nunca hacerse responsable de sí mismo y de su país, el que hunde la cabeza en las arenas de las glorias pasadas.

Ese mexicano no le sirve a México. Vuelvo a la frase no conocida de Juárez: PRESENTE Y NO PASADO ES LO QUE MÉXICO NECESITA; Juárez, un indio que supo ser mexicano, y sólo al mexicano con el valor de vivir en el presente le debe pertenecer México, al que vive en el presente, ve al futuro, y pretende construirlo en vez de simplemente esperar a que llegue.

Somos un pueblo conquistado, todos los mexicanos "siempre hemos sabido" que nos conquistaron. Este mito parte de la base de considerar mexicanos a toda la pléyade de indios que van desde los olmecas hasta los aztecas. Desde esta falsa premisa Hernán Cortés es un conquistador, y entonces es, desde luego, el infame, el alevoso, el ruin, el despiadado, el violador, el siniestro, el avaricioso... él y todas sus huestes representan al malvado, y por añadidura, todos los indios, sometidos por aquellos malditos, representan al mártir, a la víctima, al pequeño, al humilde, al sometido, al pobre (pero honrado), al conquistado... es decir: al bueno. Y ahí está el pilar telenovelesco de la historia de México.

Por supuesto que si México ya existía desde miles de años antes, y fuimos todos, nosotros incluidos, víctimas de aquel crimen, es evidente que repudiemos esa conquista y todo lo derivado de ella... aunque lo derivado de ella seamos precisamente nosotros, el mexicano que habla español, que es cristiano y/o guadalupano, que está orgulloso del arte barroco y neoclásico, que presume sus ciudades coloniales y sus conventos del siglo XVI, el que se jacta de la importancia mundial de su gastronomía, gestada toda ella durante el virreinato, y en gran medida en conventos españoles.

Y es que el mexicano promedio de hoy, el mexicano popular, el cotidiano, el que no se dedica a la Historia y sólo aprendió los mitos y los traumas, tiene esa tendencia inconsciente a sentirse más indio que español, pero lo cierto es que no están relacionados ni lingüística, religiosa o culturalmente con ese supuesto y mítico México prehispánico. Parece absurdo, pero de pronto habría que recordarle al mexicano que se siente conquistado (y por lo tanto indio) que el español no es la evolución del náhuatl, que el cristianismo no es la evolución del culto a Quetzalcóatl, que el barroco no es la evolución arquitectónica de las pirámides y que nuestro folclor está lleno de elementos hispanos. (Incluso los usos y costumbres de pueblos indígenas son virreinales y no de antes.)

Si el México de hoy pretende ser descendiente de las culturas indígenas de América, no sólo se convierte en un ser conquistado, derrotado y violado, sino también en un huérfano que no entiende la mitad de su ser, y que sigue sin trascender el libro de historia oficial que le ha "enseñado" por décadas que los malditos y avariciosos españoles llegaron en el siglo XVI a un México que ya para entonces llevaba milenios de existencia.

Y sin embargo no había nada llamado México cuando Cortés pisó este suelo, lo más parecido sería un vocablo que sonaría más como Meshico, y que no era el nombre ni de un país ni de un imperio, sino tan sólo de una ciudad, la capital azteca, que tampoco era un país ni estaba habitada por mexicanos. Pero ellos, los aztecas y no los mexicanos, Tenochtitlan y no México, fueron conquistados no por los españoles, sino por los 150 000 indígenas que marcharon aliados a Cortés.

Y claro, si la historia oficial ya nos ha convencido de que somos indios conquistados, habría que aceptar de pronto que nos conquistamos a nosotros mismos, ya que fueron los otros indígenas los que finalmente asediaron y destruyeron la capital azteca. Esta magnífica paradoja complementa su tono irónico cuando entendemos que en el siglo XIX fueron españoles, y no indios, los que llevaron a cabo la llamada Independencia.

En 1519, cuando la expedición de Hernán Cortés deja Cuba con rumbo a lo desconocido, España no estaba aún unificada como reino, era la herencia de Castilla y Aragón y de sus soberanos, los reyes católicos, ya muertos para ese entonces, cuyos tronos los había heredado su hija Juana la Loca, pero que finalmente recayeron en su hijo Carlos de Gante.

Carlos de Gante nació en Flandes, hoy Bélgica, nieto por el lado materno de los reyes católicos, y, del lado paterno, del emperador germano Maximiliano I de Habsburgo. No hablaba castellano ni alemán, ni siquiera latín, idioma que aún se usaba en muchas cortes, hablaba tan sólo flamenco. Tenía cuatro años cuando, en 1504, un Hernán Cortés de 19 abandonó no España, sino Castilla, para instalarse en el Caribe. Con 16 años, en 1516, asumió las coronas de Castilla, Aragón y Navarra, mientras Cortés, de cuya existencia el rey Carlos no tenía idea, era alcalde de Santiago de Cuba.

En 1519 un Cortés de 34 años, del que ya no se esperaba nada, se lanzó a la aventura y la incertidumbre de explorar y colonizar el continente; en ese mismo año, Carlos I de Castilla y Aragón se convirtió en Carlos V, como emperador germánico, y seguía sin saber de la existencia de un tal Hernán Cortés.

Al mismo tiempo Mesoamérica seguía viviendo la decadencia, ya que, hay que decirlo, el periodo dorado de Mesoamérica fue el del auge de Teotihuacán, alrededor del año 600; para el año 900 la llamada "ciudad de los dioses" estaba abandonada y todo su mundo sumergido en el caos. Para el siglo XVI los mayas vivían el más absoluto de los declives, pequeñas y pobres ciudades luchando entre sí, mientras que en el altiplano los aztecas habían sometido a sangre y violencia a la mayoría de los pueblos, que nunca se unieron para sacudirse la tiranía azteca, porque también luchaban entre sí.

A ese mundo decadente, aislado, que nunca pasó de la edad de piedra, y que definitivamente NO era un país, es al que llegó Cortés; el hombre que tuvo la habilidad diplomática y política de lograr unir a todos los enemigos de los aztecas. El 13 de agosto de 1521 cayó Tenochtitlan; sobre los despojos del fragmentado señorío azteca, Hernán Cortés construyó un reino. La herencia de Hernán Cortés fue el territorio que finalmente constituyó México, y el idioma predominante del país. ¿Quieren un padre de la patria? se llama don Hernán Cortés Monroy y Pizarro Altamirano, el hombre sin el que México, como lo conocemos, simplemente no existiría.

En el siglo XVI sólo fueron derrotados los aztecas. Los castellanos y todas las demás naciones indígenas fueron los vencedores. Si queremos ser, como impone el dogma histórico posrevolucionario, aztecas, entonces somos hijos de la derrota; si entendemos que de la derrota azteca, de la victoria de todos los demás, nació México, entonces no somos conquistados ni mucho menos derrotados. Cada mexicano puede ser tan vencido o vencedor como quiera.

De Cuauhtémoc se dice que fue el primer héroe mexicano; cuestiono lo de héroe, pues finalmente perdió, y ya estamos rebosantes de héroes derrotados… y lo de mexicano, porque era azteca. Ahora bien, si queremos darle al Águila que Cae el mote de mexicano, del mismo modo hay que dárselo a Cortés, pues es la épica batalla final entre ellos la que da origen a México. Del mismo modo, si queremos hacer héroe a Cuauhtémoc por defender su ciudad y perder, héroe es también Cortés, por imponerse a todas las adversidades, y ganar. Sólo como recordatorio, son los "hijos" simbólicos de Cortés, los criollos del siglo XIX, los que lucharon por la independencia, y no los "hijos" de Cuauhtémoc.

Un hermoso símbolo de unión de lo hispano con lo americano como símbolo de la mexicanidad es nuestro belicoso pero hermoso himno nacional. Su épica y poética letra fue escrita por un mexicano muy criollo, el potosino Francisco González Bocanegra, nacido en México, hijo de españoles… y su gloriosa y mundialmente reconocida música se la debemos a un español (catalán, dirían en España), Jaime Nunó. La música que nos representa en el mundo se la debemos, pues, a un español… así como nuestra patria se la debemos a otro.

Finalmente, nuestra historia de telenovela barata, de buenos contra malos, de blanco y negro, sin claroscuros, sin matices, sin seres humanos de carne y hueso sino próceres de bronce y mármol, se la debemos al mito y trauma de la conquista. Ellos, los conquistadores, son los malos, y los culpables de todo, y nosotros, los conquistados, somos los buenos, las víctimas… y claro, los condenados a la derrota.

Sí hubo una conquista en el siglo XVI, pero no fue la conquista de México, fue la conquista de Tenochtitlan, en manos de indígenas y castellanos. De esa conquista nació México. No fuimos conquistados, nacimos de la conquista de unos sobre otros, pero no somos ninguno de los dos, no somos el conquistador ni el conquistado, somos sus hijos.

Sin conquista no hay taco, ni tequila sin virreinato

A principios del siglo XX José Vasconcelos se aventó la puntada de decir que somos la raza cósmica, una especie de raza suprema, no derivado de la pureza racial, como argumentaba Hitler, sino precisamente por todo lo contrario, por la inmensa mezcla.

Hoy sabemos, gracias a la ciencia, que Vasconcelos, quien seguramente leyó a Darwin, porque independientemente de racista era muy ilustrado, tenía razón en una cosa, y es que la mezcla genética ayuda a la evolución, y que de hecho Hitler, definitivamente muy ignorante, era el equivocado, ya que la pureza racial termina en degeneración. Pero Vasconcelos, que por cierto fue, en efecto, seguidor del nazismo hitleriano, sólo cambiaba una raza suprema por otra; a él no le decimos racista porque dijo que la raza suprema en cuestión éramos nosotros.

Es absurdo pretender hablar de una raza mexicana, aunque hay necios que lo intentan y hasta dicen que tenemos un genoma especial. A sabiendas de lo mestizo del mexicano, hay quienes buscan orígenes más indígenas o su ascendencia criolla, también existe la idea, muy metida en lo profundo de la mente del pueblo, de que algo, entre más indígena, es más mexicano. La realidad es que entre más indígena simplemente se es más indígena y entre más hispano sólo se es más hispano. Si se quiere buscar algo que se pueda catalogar como "lo más mexicano", más bien hay que pensar en lo más mezclado. Entre más mestizo, más mexicano.

México es un país con un pueblo multicolor, y hay que entender que el verdadero mestizaje de nuestro país es cultural. Si pudiéramos hacer un genoma cultural, el resultado no sería distinto al del genoma biológico, ya que probablemente no hay una sola tradición en nuestro México que no sea mestiza, que no sea proveniente del virreinato; ese periodo en que lo amerindio y lo hispano se fundieron en lo que somos.

Muchos lo dudan, pero pensemos por ejemplo en algo tan mexicano como el tequila; lo obtenemos de una planta tan mesoamericana como el agave, pero a través de un proceso tan europeo como la destilación; nuestro tan mexicano mariachi canta en el idioma del llamado conquistador y con instrumentos llegados de Europa. Festejamos el día de muertos, lleno de elementos prehispánicos como el cempasúchil, pero en el día católico, y por tanto europeo, de Todos los Santos, además de que en esa fiesta comemos pan, que no existiría aquí sin el español, y en el altar hay papel picado que viene de China, país que no comerció con los purépechas o los aztecas, sino con los españoles, a través del Galeón de Manila o Nao de China, que atracaba en Acapulco.

Las fiestas populares, tan folclóricas y gustadas en México, son en honor de santos patronos, y *ésos*, al ser católicos, son herencia hispana, aunque se asimilaron con los dioses de Mesoamérica, y cuando en las fiestas bebemos chocolate, tan tradicional, sacado del cacao tan americano, y llamado *Xocolatl* por los nahuas, lo mezclamos con leche, proveniente de vacas que no llegaron solas del viejo mundo, sino con los llamados conquistadores; consumimos pues, una bebida mestiza.

¿Y el mole? Hay quien asegura que es tan ciento por ciento indígena, que incluso antes de la conquista existía la palabra nahua *molli*, para referirse a las salsas. No obstante, el buen mole, ese que hoy comemos, fue tomando forma en los conventos poblanos, y los conventos son evidentemente hispanos. El chile en nogada es muy mexicano, sin embargo resulta que sólo se come en temporada, y eso es porque se adorna con granada, que viene del viejo mundo… y para rematar, ese mexicanísimo platillo, relleno de elementos europeos, fue también una creación conventual, y se cocinó por vez primera en honor de Agustín de Iturbide.

Pero hablemos de la comida más mexicana de todas, que es también el mayor símbolo del mestizaje gastronómico e insignia de nuestro genoma culinario: el indiscutiblemente mexicanísimo taco, alimento que no consumían los aztecas, no como se consume hoy. Tras el triunfo de Cortés sobre Cuauhtémoc, los españoles cocinaron unos cerdos para festejar, y a falta de pan, decidieron probar lo que llamaban "el pan de los naturales", refiriéndose desde luego a la tortilla, y así, las carnitas traídas por los hispanos cayeron dentro de la tortilla tan indígena, y el llamado conquistador se comió el primer taco; así lo relata el cronista Bernal Díaz del Castillo. Así de mestizos somos todos, y desde luego, por eso se dice que, "a falta de pan, tortillas".

Así es como a lo largo de 300 años se mezclaron costumbres, alimentos, bebidas y personas. Se produjo poco a poco nuestra forma de ser y de pensar, nuestro carácter, nuestra comida y bebida, nuestro baile y nuestra música, nuestro vestido y nuestro idioma. Trescientos años duró la gestación de México; esa gestación se llama virreinato, y en ese periodo surgió una clase económica, étnica y social que generó la independencia: el criollo. Cuando maduró esa clase social, fruto del virreinato, fue cuando México nació.

En el siglo XIX, eso fue la independencia, los hispanos de aquí liberándose de los hispanos de allá. Ésa es nuestra independencia y el nacimiento de México, surgido no del señorío azteca y sus dominios, sino de la Nueva España. El día que lo entendamos y, mejor aún, lo enseñemos, podremos superar muchos complejos; el día que al comer un taco y empinar un tequila veamos cómo ingerimos a Mesoamérica y a España, nos comprenderemos mejor, y desde luego, seremos más libres.

Un genoma tricolor

Poco, muy poco le hace falta al mexicano para desbordar gritonamente su orgullo nacional y para vociferar con jactancia, sacando el pecho, que como México no hay dos (todo esto es por cierto una actitud muy poco humilde y otro de los grandes contrasentidos del ser mexicano); lo hace ante cualquier provocación, y de pronto, en el año 2009 se nos dio una razón más, ya que se anunció con bombo y platillo una noticia científica que parecía corroborar tan patriotero grito.

Después de años de estudio y millones de dólares gastados, se nos comunicó que finalmente se había descubierto el genoma mexicano: una composición específica de ADN que nos hace especiales y diferentes al resto del mundo. (Cosa que sucede en todos los países.)

Uno de los descubrimientos presentados al público fue asombroso; se nos dijo que, gracias al estudio, que llevó nada más y nada menos que cuatro años (cuando originalmente iban a ser dos), y más de 20 millones de dólares (que iban a ser 10, pero hay que aprovechar el presupuesto), ahora se puede saber que el mexicano contiene información genética de más de 20 razas distintas (disiento, creo que el concepto raza es una estupidez que inventaron los racistas), y que hay en nosotros componentes indígenas desde luego, pero también africanos, europeos e incluso asiáticos. Es decir, el genoma mexicano es una especie de genoma internacional. Todo el mundo, literalmente, fluye por nuestras venas.

¡Gran revelación para comenzar el siglo XXI! Nos dijo el multimillonario estudio que ahora podemos saber que el mexicano es una mezcla de muchos grupos étnicos; muy interesante desde luego, pero es una verdad de Perogrullo, una obviedad, algo que cualquier historiador o antropólogo pudo haber dicho gratis, o por no dejar pasar la ocasión, por la milésima parte del presupuesto destinado.

El llamado genoma mexicano, según se dice, es nuestra muy particular combinación genética que nos hace supuestamente distintos del resto del mundo. Ya esto resulta bastante dudoso y poco científico, por el simple hecho de que todos los seres humanos compartimos 99.9% del material genético, eso es de hecho lo que nos convierte en una sola especie, la humana... pero ni hablar, hay un genoma mexicano, distinto al del resto de la humanidad.

Con más bombo y más platillo, y con una gran dosis de nacionalismo, se nos dijo que el genoma mexicano es único. Pero de pronto hay que recordar los datos que no se dieron y reflexionar sobre ellos. El ser humano y, por ejemplo, las ratas, comparten 96% de material genético, o sea que la diferencia entre roedor y hombre se encuentra en un rango de 4%. Con nuestros parientes cercanos, los simios, compartimos 98.5% de los genes, y lo más importante, todos los seres humanos compartimos 99.9% del material genético.

Así es que hay en realidad tan sólo un 0.1% en el que los mexicanos podemos ser únicos y diferentes. El informe dice que tenemos un componente genético distinto en un 65% de los demás mortales que habitan este planeta; pero es un 65% dentro de ese limitadísimo 0.1% en el que somos diferentes. Pero todo embona muy bien en los contrasentidos mexicanos; por un lado, como especie, somos finalmente todos iguales; pero dentro de esa absoluta igualdad, nosotros somos absolutamente distintos.

El nacionalismo genético llegó al absurdo de decir que como el mexicano es distinto genéticamente, los medicamentos de Europa o Estados Unidos no nos funcionan igual. Es decir, en México usamos la ciencia para destrozar la ciencia. No hay que olvidar que las medicinas trabajan precisamente dentro de ese 99.9% en donde somos iguales; porque además, si las medicinas de *Extranjia* (país de origen de los extranjeros) no nos sirven, y como aquí hay casi nula investigación científica, tendríamos que volver a la herbolaria.

Lo curioso fue que después de hablar de un "genoma mexicano único" de inmediato se dijo también que, evidentemente, resulta que en México todos tenemos un genomapa distinto que varía según la región del país, ya que por obvias razones, históricas y geográficas, no todos somos iguales, porque, por ejemplo, un sonorense y un chiapaneco no son iguales genéticamente, ¡gran sorpresa!

O sea que los mexicanos somos iguales (algo es lo que nos hace mexicanos), y somos distintos al resto del mundo; pero al mismo tiempo resulta que todos los mexicanos somos distintos entre nosotros… con lo que en realidad el genoma mexicano de cada mexicano tiene diferencias, así es que cada mexicano, distinto al resto del mundo, es también distinto al mexicano de al lado (hasta nuestra ciencia está atiborrada de contrasentidos), con lo que en realidad no existe UN genoma mexicano.

Es decir, por un lado hay un genoma mexicano, pero por el otro se dice que dentro del mismo México tampoco somos iguales genéticamente. Luego, ¿hay o no un genoma mexicano? Porque hay que decir que esa mezcla de 35 grupos étnicos, que en teoría forman al mexicano, no es igual en todos los rincones del país, y que no en cada uno de los casi 115 millones de mexicanos están todos los grupos étnicos.

Unos mexicanos son muy mestizos, otros muy indígenas y otros muy criollos. Otros más son importados, pero mexicanos por nacer aquí a causa del azar, o por obtener una carta de naturalización. ¿Qué pasará con ellos, se transforma su genotipo por arte de magia, o no son verdaderos mexicanos a pesar de vivir en México y tener su pasaporte mexicano?

Qué absurdo sería pretender que la mexicanidad puede estar en un gen. Y lo peor es que la genética es el pretexto moderno que sustituye al inconsciente. Hace décadas podíamos culpar al inconsciente de todo, ahora cualquier cantidad de personas sacan de pronto comentarios como que nuestra situación como país, en todos los sentidos, es cuestión genética. Podemos olvidarnos de la educación, los genes son culpables de todo.

Volvamos de momento a Vasconcelos y su peregrina idea de la raza cósmica, una especie de raza suprema por la inmensa mezcla: la raza cósmica, la raza de bronce, la raza por la que hablará el espíritu según el lema de la UNAM.

Paréntesis cultural: Vasconcelos, muy religioso, planteó como lema original de la Universidad "Por mi raza hablará el Espíritu Santo", pero el laicismo y anticlericalismo de Obregón hizo que se le quitara lo santo al espíritu. El punto es que Vasconcelos pretendía decir que Dios, porque no hay que olvidar que según el catolicismo el Espíritu Santo es otra de las personas de Dios, Dios mismo hablará por nuestra raza… ¿cuál raza?, pues la cósmica, la de bronce, la que es resultado de nuestra mezcla; mejor aún, en el escudo se trazó un mapa de América que comienza en el Río Bravo, para dejar fuera a norteamericanos y canadienses, por cuya raza (también mezclada) evidentemente no hablará Dios. Una idea muy arrogante para un pueblo que se dice humilde.

Pero volvamos al genoma y vayamos a lo positivo de este costoso descubrimiento que no dijo nada nuevo, y es que ahora por lo menos, gracias a este hallazgo científico, el pueblo podrá enterarse al fin de que el mexicano no es, como ha pretendido la historia oficial posrevolucionaria, descendiente de aztecas conquistados. Eso a lo que hoy se llama mexicano, lo que desde hace siglos es el mexicano, resulta ser precisamente la herencia de un mestizaje bastante plural que incluye al mundo entero. Gracias a la genética podemos decirle adiós al mito del azteca conquistado.

Y claro que la gran pregunta es: ¿por qué el mexicano tiene una mezcla étnica de todo el planeta? Bueno, tal vez ahora podamos recordar que el mexicano es derivado de un proceso olvidado y casi borrado de nuestra historia oficial; un periodo llamado virreinato, que es precisamente el lapso de 300 años donde se hizo esa mezcla hoy descubierta de europeo, americano, africano y asiático.

El descubrimiento de ese supuesto genoma mexicano por lo menos deja claro que somos una fusión de razas; no sólo de español e indígena, sino de africanos, asiáticos y todo tipo de europeos. Considerando que el mundo mesoamericano vivía aislado, ahora podemos entender que sin esa etapa que la gran mayoría se empeña en llamar Conquista de México, y los siguientes tres siglos de ser el virreinato de Nueva España, el mexicano simplemente no existiría.

Fue durante esas tres centurias cuando nuestro país se convirtió en el centro del mundo; cuando desde nuestros puertos se mandaban y recibían barcos de Europa, África y Asia. Se nos dijo que somos una mezcla que incluye a casi todo el mundo, ¡vaya sorpresa!, y la gran pregunta es: ¿cuándo y cómo se dio semejante conjunción racial?, y la respuesta es por demás simple: en el periodo olvidado y borrado, en lo que se hace pasar como nuestra edad media o los siglos terribles de dominio extranjero. Todo eso que somos genéticamente se dio en el virreinato.

Resultó, según el estudio genético, algo que la lógica podía indicar también gratis: en estados como Guerrero hay más componente africano y asiático que en otras regiones como el norte, donde predomina lo europeo; en sitios como Veracruz hay mucho de indígena, pero mucho de europeo y de árabe, mientras que zonas como Chiapas tienen un componente predominantemente maya, pero con su toque de africano y europeo. En Jalisco, según el reporte, hay más componente francés dentro de la mezcla... y en todo el país en general, mucho de español. ¡SORPRESA!

¡Vaya cosa!, nada que la historia o la geografía no supieran, o que la razón y la observación no nos pudieran decir. Durante 300 años de virreinato se mezcló lo indígena con lo europeo, y el componente africano se dio a causa del tráfico de esclavos. Desde Acapulco siempre hubo contacto con el Oriente, el norte del país tenía poca población indígena y fue poblado por colonos europeos, mientras que la zona central conservó a la mayor parte de la población indígena.

Con los españoles necesariamente llegó el componente árabe y el judío, y durante el siglo XIX la presencia francesa en Jalisco es de sobra conocida, aunque las comunidades francesas se establecieron desde que la Casa Borbón, de origen francés, tomó el poder en España en 1700.

Nunca hizo falta un estudio genético para saber que el mexicano es una gran mezcla... pero qué bueno que se hizo, para que quede constancia científica de lo que algunos fanáticos puristas del indigenismo histórico se empeñan en negar: México es un pueblo y un país mestizo y esa fusión se dio gracias a la época virreinal. Lo malo es que en nuestro país poco caso le hacemos a la ciencia si arroja verdades que no nos gustan, ya que siempre hemos preferido pretextos y consuelos por encima de la verdad.

TERCERA SESIÓN

Los traumas guadalupanos

—Parece que hemos pasado el trago amargo de su padre, señor México. Bueno y malo son categorías que no deberían incluirse en la Historia.

—Pues bueno, sí; quizás sí le deba algo a Hernán Cortés.

—Ya lo aceptó, asimilarlo toma más tiempo, pero es un excelente principio… ahora sigamos con este mismo tema. Hábleme de su madre.

—No tengo madre, doctor.

—¡Vaya interesante negación!, pero todos tenemos… digo, ya es increíble que una mujer virgen tenga un hijo… pero un hombre sin una mujer, es verdaderamente ridículo.

—Pues no la recuerdo, no es la prestamista de la Vicario, eso seguro… y bueno, algunos dicen que la Güera Rodríguez, quien finalmente fue la que logró que Iturbide tomara de nuevo el mando de un ejército, con el que finalmente me liberó.

—Otro gran avance es que acepte que lo liberó Iturbide, pero me está cambiando el tema, el de su madre.

—Pues de verdad no tengo idea.

—Bueno, nuevamente dejemos que la lógica nos guíe. Su padre es Hernán Cortés... quién podrá ser entonces su madre.

—¡No estará usted hablando de... de... de!

—Tiene que decirlo usted.

—¡De la Malinche... esa traidora!

—Vuelve a las contradicciones, señor México, ¿traidora a quién?

—¡A mí... a la patria!

—Si Hernán Cortés es su padre, no hay patria antes de él, ¿entonces a quién traicionó la Malinche?

—Pues a los aztecas.

—Que según hemos ya aclarado, no eran México.

—Bueno, pero, pero... pero es que siempre me han dicho eso, que la Malinche me traicionó.

—¿Sabe, señor México?, quizás debería usted leer un libro que escribió uno de sus hijos, Octavio Paz. Se llama *El laberinto de la soledad*, le ganó un premio Nobel, y de hecho si lo leyera y entendiera, me parece que ni siquiera tendría que venir a estas sesiones. Pero sigamos con la Malinche.

—Pues ya lo sabe, doctor, si Cortés es mi padre, esa Malinche debe ser mi madre... de hecho, aunque ya antes había habido mestizos, hasta se podría decir que el primer mexicano es hijo de ella y de Cortés, Martín Cortés, el mestizo.

—¡Muy, pero muy bien, gran avance!

—Y sí he leído a Paz; él mismo dice que la Malinche se abrió a Cortés, se rajó, se entregó; según entiendo, ella es la mismísima Chingada… y eso nos hace hijos de la chingada, doctor, y nadie quiere que le digan así.

—Me decepciona, señor México… para leer a Paz hay que entender su fineza, su ironía, su crítica sutil, sus metáforas. Básicamente nos plantea a Cortés y a la Malinche como nuestro origen mestizo, simbólicamente hablando.

—Pues no sé si pueda perdonar a esa madre.

—Es el camino básico a la solución de los problemas. Además, si ya aceptó toda la herencia española, que el señorío azteca no era México, es decir, usted, que otros pueblos indígenas eran de hecho enemigos de los aztecas… si ya aceptó a Cortés como su padre… no creo que tenga que perdonarle nada a su madre, sólo aceptarla.

—Pues yo prefiero a mi madre adoptiva, la virgencita de Guadalupe.

—¿La madre del dios cristiano traído por los españoles, la que colaboró con la conquista espiritual, esa que existía en Castilla un siglo antes de que llegara Cortés, esa de nombre árabe, Guadalupe… esa que consoló a los indios y los instó a aceptar sumisamente a los españoles y su religión, esa que lo quiere por ser pobre en vez de progresar y ser rico?

—Bueno, doctor, si lo pone en esos términos definitivamente no suena nada bien.

—Pues es la verdad, señor México.

—Pero no me gusta.

—Y por eso se inventa mitos.

—¿Me está diciendo que la virgencita es un mito?

—No es mi labor decírselo, es cosa de usted descubrirlo, y en su caso, aceptarlo.

—Ay, doctor, no me gusta que me ponga a pensar de esa forma.

—¡Quizás ése es el problema!

1) El trauma del mexicanito

La virgencita nos quiere porque somos pobres, pero según nuestros mitos, somos pobres porque nos conquistaron y saquearon los españoles, y fueron éstos los que impusieron el catolicismo, lo sincretizaron con los cultos paganos de Mesoamérica, y de ahí Tonantzin se convirtió en Guadalupe, que nos consuela por la Conquista y nos quiere por pobres. No hay que ser un genio para ver la trampa.

La Conquista se nos presenta como terrible, pero de esa conquista surge el guadalupanismo, que para muchos mexicanos es lo mejor de México... contradicciones como siempre: sin españoles no hay virgencita, parte fundamental de la conquista. Cortés no sólo trajo su lengua, sus ideas y sus soldados, sino su fanatismo religioso, su catolicismo, y dentro de éste, el culto a la virgen patrona de Extremadura, su tierra, llamada desde entonces Virgen de Guadalupe, que supuestamente se apareció en los últimos años de las guerras de reconquista española contra los musulmanes... por eso pisa una media luna, no es por el lago de Texcoco, es el símbolo del Islam.

Así pues, cuenta la leyenda que la virgen se apareció para consolar a los indios tras la conquista, pero finalmente al ser la virgen del catolicismo es una forma de decirles que no estuvo tan mal que los conquistaran, pues finalmente sí les trajeron la verdadera fe; con lo que al final el mensaje guadalupano es algo así como: "pobrecito que te conquistaron, yo te consuelo y te quiero por eso... pero fue lo mejor, por la salvación de tu alma".

Queremos hablar de una conquista no de México, sino de Mesoamérica, bueno, pues la conquistadora es la Virgen de Guadalupe. La virgencita le enseñó al conquistado que así, conquistado, pobre (pero honrado) y humilde, se iba a ir al cielo... al cielo de sus conquistadores.

Desde entonces el mexicano busca consuelo, no la verdad, sólo consuelo, aunque éste dependa de un mito... un mito que sólo pudo aparecerse porque los españoles trajeron el catolicismo, pero un mito que está del lado de los conquistados.

La virgencita, en diminutivo porque nos quiere y la queremos, es la madre del mexicano, por lo menos adoptiva; contra una madre ultrajada que es la Malinche, impusimos a una madre pura y virgen que jamás será ultrajada. Esa virgencita cumple un rol de madre, pero de madre solapadora, consentidora, de esas que hacen inútiles a sus hijos, pues les resuelven todos sus problemas y no los dejan madurar.

El pueblo se queja de ser pobre, aunque convirtió su pobreza en virtud al relacionarla de forma indisoluble con la honradez; seguramente nunca piensa que parte de esa pobreza se puede deber a que enaltece su pobreza y se conforma con ella, y claro, al dinero que gasta en peregrinaciones, fiestas patronales, en ir a ver a la virgencita, en vestir al "Niñopa", y claro, en dejar de trabajar para vivir peregrinando.

Si hay un dios y una virgen, y de verdad nos quieren, es poco probable que nos quieran pobres eternamente. Ninguna divinidad necesita que un pueblo derroche su dinero en adorar imágenes, los que necesitan ese dinero son los orondos y rubicundos representantes de Dios y de su madre.

Construimos un arquetipo de madre celestial que se parece mucho a Sara García interpretando a Doña Luisa García viuda de García, en *Los tres García*... aunque en ese caso sea abuela, pero cumpliendo rol de madre: solapa a sus nietos, les soluciona sus problemas, los encubre, les festeja sus parrandas, se queja de su inmadurez pero les impide madurar, es omnipresente y abnegada, siempre lista a recibir a sus hijos (nietos en este caso) con los brazos abiertos, para que aunque nunca maduren siempre tengan un hogar. Así es la relación del mexicano con la virgencita. El guadalupanismo genera mamitis.

Pero una vez más, los mitos no buscan la verdad, buscan explicaciones, y en el caso del mexicano, consuelo. Ninguna divinidad tiene necesidades, pero los humanos sí; si hay una virgencita, es un hecho que no nos necesita, pero México, literal, no podría existir sin ella. Si somos consentidos de la virgencita quizás quiera ver progresar a sus hijos; en vez de eso los ve cada año acercarse a ella con sus agradecimientos, pero también con sus nuevas quejas y lamentos, siempre en busca de consuelo.

México no es un país conquistado; aceptado eso, tampoco es necesario el consuelo y dejaría de ser necesaria la guadalupana... quizás por eso muchos se aferran a la conquista, porque sólo a causa de la conquista tenemos a la virgencita, y sólo a causa de mantener el mito y el trauma la seguimos teniendo y necesitando. Ése es el mexicano que no crecerá nunca... como los tres García... o claro, como Juandieguito, como dicen que le decía la virgencita.

2) El trauma de Pepe el Toro

"Pepe el Toro es inocente"... todo el mundo lo sabe, y la principal prueba de su inocencia es su pobreza, en un país donde todos los pobres son buenos y todos los ricos son malos. Los ricos son ricos por fastidiar al pobre, como le ocurrió al Torito... claro que eso nos debería llevar a la conclusión ineludible de que los pobres son pobres por tontos, por dejarse engatusar por los ricos... digo, si ya sabemos que son malos.

La virgencita, a pesar de ser traída por los españoles, y colaborar con ellos en la conquista de Mesoamérica, prefiere a los pobres (pero honrados), que obvio son los conquistados, porque son buenos, y claro, se irán al cielo como compensación por su pobreza. Con el discurso mítico de México, todos los pobres son buenos y todos los ricos son malos, y en la versión telenovela, desde *Rosa Salvaje* hasta todas las *Marías,* del Barrio, del Mar, Mercedes o la que sea, las ricas están muy ricas y los ricos muy galanes, mientras los pobres son menos agraciados, excepto la protagónica, que es hermosa, y es por eso y no por pobre por lo que el rico en turno se enamora de ella.

El punto es que el pueblo de México, sobre todo los guadalupanos recalcitrantes que van de rodillas sangrantes a la basílica, hacen una apología de la pobreza, lo cual es una denostación de la riqueza; claro, al mismo tiempo se quejan de su pobreza y quisieran ser ricos... pero como se han convencido de que la pobreza es una virtud, de pronto ser ricos los haría malvados, porque todos los ricos son malos... y vuelve el pobre mexicano a las contradicciones que tanto lo caracterizan

Así pues, nos quejamos de la pobreza, pero la alabamos como virtud, y desde luego, un país que hace de su pobreza una virtud, jamás saldrá de pobre. Evidentemente es una defensa psicológica que genera un círculo vicioso: al ser pobres decimos que la pobreza es buena y virtuosa... y al tener la pobreza como buena y virtuosa, pues nos quedamos pobres... pero honrados e inocentes, como Pepe el Toro.

3) El trauma de la humildad

Muy mal entendido tiene el mexicano el concepto de humildad, al que coloquialmente relaciona con sencillez, pero que finalmente no deja de tener relación con la humillación. Vamos por partes: somos pobres y por eso nos quiere la virgencita, y eso lo relacionamos con la humildad, esa que hizo de Juandieguito el elegido de la madrecita celestial, que todo lo puede pero no nos saca de pobres.

La sencillez definitivamente es una virtud; es decir, sin importar cuán importante sea uno, o piense serlo, qué tan famoso o qué tan popular o virtuoso o lo que sea... comportarse de forma sencilla, natural, tratar a todos por igual, no ofender a nadie, no herir con presuntuosos aires de grandeza, arrogancia y petulancia; vaya, no ser soberbio, no ver a los demás por encima del hombro. Eso es ser sencillo y es una gran virtud. Es decir, lo contrario a la soberbia es la sencillez… no la humildad.

Humildad viene de *humus,* "estar en la tierra", "ser polvo"… vaya, de humillarse, y humillarse es someterse, hacerse menos, poquita cosa… chiquito como Juandieguito. No hablo de la definición de la Real Academia, que en su primera acepción la coloca como la virtud de reconocer las propias limitaciones, aunque la segunda definición es bajeza de nacimiento y la tercera es precisamente sumisión y rendimiento… lo que se enseñó aquí. Pero más importante que la definición de la Academia es la idea popular del mexicano, y ésa está relacionada con la sumisión, la que tuvo que aceptar el indígena para ser el consentido de la virgencita.

Así pues, la sencillez es lo contrario de la soberbia y es una virtud, pero la humildad es lo contrario de la autoestima y es una falsa virtud muy útil para someter, y metida hasta el tuétano del mexicano, lo que se evidencia en frases como: "Pase a su humilde casa", "pues aquí humildemente", o el mexicanito que a todos les dice patrón o güerito mientras agacha la cabeza. Eso es humillarse, agacharse; luego, ser humilde es ser agachado… y desde luego NO es una virtud.

Ningún gran país, ninguna potencia, ningún poderoso imperio en la historia de la civilización humana se ha hecho grande con humildad. Es hora de aceptar que NO somos conquistados, no necesitamos el consuelo de una madre celestial, y NO necesitamos ser humildes. Sí a la sencillez, NO a la humildad.

4) La paradoja humilde

Si ya entendimos que humillarse no es virtuoso, podemos ser sencillos pero no humildes, hicimos de la humildad una virtud precisamente porque el mito dice que somos producto de una humillante derrota... visto que esto NO es cierto, es vital cambiar nuestra escala de valores.

Humillarse, agacharse, avasallarse, someterse, sojuzgarse... nada de eso es necesario; más importante, nada de eso nos llevará al futuro. Ésta es una de las partes más importantes que hay que cambiar en la mente del mexicano. Además, en el tema de la humildad o autohumillación aparece otra de las grandes contradicciones del mexicano: ser un pueblo que presume de ser humilde, que siente orgullo por su humildad. Contradicción absoluta, una de tantas: si nuestra humildad nos llena de orgullo, dejamos de ser humildes y pasamos a ser orgullosos.

Ya se dijo que lo contrario de la sencillez es la soberbia; lo contrario de la humildad es simplemente una autoestima decente que no se rebaja ante nada ni nadie, ser altivo, ser orgulloso, ser grande... lo que un país necesita para crecer. No hubo conquista de México, luego pues, no hay humillación en nuestro origen y no necesitamos una madre celestial que nos consuele y nos quiera por pobres, ni un santo que encumbra la humillación y la pequeñez.

Presumimos tanto nuestra humildad que cae en la soberbia; nos decimos humildes, y al hacerlo nos hacemos chiquitos, poquita cosa; pero al mismo tiempo nos decimos el pueblo consentido, no de Dios, sino mejor aún, de su madre... lo cual, bien visto, es bastante petulante, aunque claro, ya sabemos que nos quiere por pobres. La paradoja humilde es la esencia de la contradicción del mexicano; el mismo que dice "mande usted" al tiempo que agacha la cabeza, pero que luego grita sacando el pecho "¡Viva México cabrones!"... o para estar más a tono con Octavio Paz: ¡Viva México jijos de la chingada!

Parece ser que, para que México viva, tiene que ser agrediendo arrogantemente al otro. Nos presumimos humildes pero "a mí la muerte me pela los dientes" o "me hace lo que el viento a Juárez" o "aquí nomás mis chicharrones truenan" o las cosas se hacen así "por mis pistolas" o "sigo siendo el rey"... humildemente.

5) El trauma de la virginidad y el origen del macho

El mexicano se ve a sí mismo como Pedro Infante, o más bien, como sus personajes: cantor, conquistador, tomador, borracho, parrandero, mujeriego y jugador, el que todo lo puede, el "todasmías"... vaya, macho finalmente. Con Pedro Infante se ve otro síntoma de nuestra adicción al pasado: ¡Pedro Infante vive!, y es que queremos que viva, porque es el complemento perfecto de la madre omnipresente y virginal del mexicano, sea la virgencita o Doña Luisa García viuda de García.

El personaje típico de Pedro Infante, el charro mujeriego, que, ojo, no es pobre sino hacendado, pero eso sí, bueno, encarna nuestras contradicciones: es el único rico (terrateniente al fin y al cabo) que no es malo; es humilde cuando dice "yo ti quero más que a mis ojos", pero altivo y arrogante cuando dice "mientras *cómamos*, ámemos, y *bébamos*... manque no *trabájemos*" y se empina de un trago una botella de tequila, que le hace lo que el viento a Juárez, y luego muestra su hombría con un grito a toda voz y conquistando a la primera mujer que le pasa por enfrente. Es arrogante y altivo, pero carismático y popular; así es que el mexicano ve en él a la parte de la que decimos enorgullecernos, la humilde, pero también a la que aspiramos en secreto: al triunfador altivo y poderoso.

¿Y qué tiene esto que ver con la virgencita? Pedro (sus personajes), como tantos mexicanos, pretende ser un conquistador que las puede con todas, ser el mil amores que tiene viudas y solteras y una que otra casada; pero claro, para sentar cabeza y establecerse, quiere a una buena mujer, a la virgen casta y pura que haya sabido guardar su virtud para él, que no la guardó para nadie.

Es entonces cuando el macho, de apariencia tan altiva, segura, arrogante… se convierte en niño, y vemos al súper charro, Luis Antonio García, al que nada le duele, llorando bajo una tormenta sobre la tumba de su abuela. El macho mexicano busca seducir a las mujeres, pero rechaza a las mujeres que caen ante la seducción (y se abren como la Malinche), por eso al sentar cabeza busca en su mujer un sustituto de su madre.

Esto nos lleva a un gran problema, complejo y trauma. La mujer es el objeto de deseo del macho, pero en cuanto tienen hijos deja de ser mujer, deja de ser la amante, deja de ser el objeto de deseo, y se convierte en "la madre de mis hijos"… y como nuestro arquetipo de madre es la virgencita, "la madre de mis hijos" recupera misteriosamente su virginidad; es nuevamente casta y pura, impoluta, y por lo tanto intocable.

Claro que el macho sigue teniendo necesidades mundanas y carnales, que ya no puede saciar con su mujer, porque ya no es mujer sino madre y por lo tanto virgen... y entonces vuelve a las mujeres que caen ante sus juegos seductores, porque a la madre de sus hijos la respeta y no va a hacer con ella "esas cochinadas". Y así, por respeto, le es infiel.

Difícilmente podremos encontrar algo más torcido que eso. Una vez que la mujer del macho se convierte en madre, es madre de todos, tanto de los hijos como del marido, que se convierte en el más inmaduro de todos los niños, y como tal lo trata la mujer, cumple el estereotipo de madre abnegada y le cumplimenta sus caprichos, le solapa sus aventuras y hasta le justifica sus infidelidades... "siempre y cuando me respete".

Así pues, en este país de machos la mujer es mucho más poderosa que el hombre, ya que toda la vida familiar y social gira en torno a ella, que inteligentemente hace pensar al hombre que no es así, sino todo lo contrario, que él es el rey en su castillo y que nada se mueve sin que él lo autorice... y así la mujer mantiene la frágil virilidad de su macho.

Ahora bien, si esa frágil virilidad se cae, en el sentido que sea, el macho siempre tiene una ventaja: es más fuerte que la mujer, y entonces recupera su virilidad a golpes o a gritos... o ambos. Toda madre mexicana es para su macho una virgen casta, cuyos hijos evidentemente nacieron de forma milagrosa; el hombre sacia sus instintos fuera de la casa y la mujer no debe reclamarle, al final sólo está ejerciendo su derecho de hombre... derecho que le han enseñado, generación tras generación, las mujeres, las grandes creadoras de machos.

Y así, nuestro inocente Pepe el Toro se va de parranda por tres días, y cuando al fin ya no le da más el cuerpo vuelve a casa, a los brazos de su amada (y cornuda) "Chorreada", quien evidentemente le reclama tal ausencia... pero el Torito se las ingenia para voltearle la tortilla y hacerse el ofendido por las dudas de su mujer, y cuando ella le dice: "pero si yo no he dicho nada, torito", él contesta virilmente: "pos no, pero lo pensó, que es peor".

Tras la hebilla y las pistolas, poca cosa

La fascinación del mexicano, del macho mexicano, por las cosas grandes y por lo grandilocuente podría fascinar a Sigmund Freud. Derivado de la cultura barroca del virreinato, toda nuestra mente es barroca, adornada, abigarrada, exagerada, ornamentada, con mucha forma pero poco fondo.

Así como la cantidad de ángeles y querubines del retablo bañado en oro del templo de un pueblo hablaba de la riqueza de sus habitantes, así es con todo. El charro necesita un traje de montar, de faena de campo... pero para hacer notar su grandeza e importancia (actitud poco humilde) lo atiborra de plata o cualquier cosa que brille: todas las piernas, los botones, los adornos, los hilos para bordar más ornamentos... todo para mostrar grandeza y virilidad; una virilidad que, al necesitar tanto soporte, es evidentemente frágil.

Ese mismo macho tiene dos grandes símbolos fálicos, sus pistolas, colgando de su cintura, y una hebilla muy pero muy grande en el ancho cinturón…, es como el hombre actual que busca el auto grande, el escritorio gigantesco, que hace tarjetas que digan licenciado aunque no haya pasado de la secundaria. Ojalá que la mujer disfrute lo grande de la hebilla, del cinturón y de las pistolas…, porque es casi seguro que es lo único grande que va a encontrar por ahí.

El "todasmías" exhibicionista que las puede con todas, normalmente puede muy poco. El pobre macho mexicano tiene una virilidad muy frágil, por eso avienta tiros, escupe lejos, bravuconea, habla fuerte, mienta madres, y para que viva México tiene que mandar a todos a la chingada.

La mujer no se salva, es la que educa al macho, lo solapa, le permite abusos y hasta asume la culpabilidad, incluso ante la violencia. La mujer golpeada que no deja a su macho cumple también con el arquetipo femenino de abnegación, la que hace de su hombre el rey de su castillo aunque ella lo mantenga, la que asume que es la cruz que le tocó cargar, o aquellas que tristemente abundan, que dicen sumisamente: "éste es el marido que me tocó", como si en vez de haberlo elegido lo hubiesen obtenido en rifa.

CUARTA SESIÓN

Los traumas revolucionarios

Los aztecas eran grandes, gloriosos, casi perfectos... nomás hay que ver los murales de Diego Rivera para ver la magnificencia de Tenochtitlan, superior a Venecia (aunque Diego Rivera en realidad nunca hubiera visto la capital azteca y más bien estuviera plasmando el mito posrevolucionario sobre los muros).

Aquí todo funcionaba perfectamente, no había maldad, ni enfermedades, ni corrupción, ni delincuentes (aunque había leyes que castigaban conductas, lo cual únicamente ocurre si hay gente que se comporta indebidamente, y básicamente el señorío azteca fuera un imperio guerrero, con sacrificios humanos, canibalismo y construido sobre la sangre de cientos de miles de enemigos).

Bueno, sí había sacrificios humanos entre los aztecas (y entre los mayas), pero era un altísimo honor ser sacrificado (aunque los aztecas no sacrificaban aztecas sino a los prisioneros de guerras contra los otros pueblos).

Pues sí, es cierto que había canibalismo entre los aztecas (y entre los mayas), de hecho era la continuación del sacrificio humano; una vez que el prisionero era sacrificado, los sacerdotes se comían parte del corazón y arrojaban el cadáver por las escalinatas del templo hasta el piso, donde el pueblo esperaba y se lo llevaba para cocinarlo; pero hay que entender que el canibalismo era un acto ritual. (Del mismo modo que era un acto ritual que la Inquisición quemara en la hoguera a los herejes, pero al parecer hay que comprender lo primero como un ritual y lo segundo como salvajismo, aunque esencialmente sean iguales.)

Bueno, pero es que los aztecas creían que con los sacrificios a sus dioses daban movimiento al cosmos (o eso decían), con lo que el sacrificio tenía una razón de ser. (Y los españoles quemaban a los herejes en fuego purificador para salvar su santísima alma inmortal, o eso decían, con lo que esos sacrificios también tenían una razón de ser.)

El punto es que los mayas y los aztecas eran civilizaciones superiores, destruidas por un hato de salvajes como los españoles (aunque en realidad suena absurdo que un hato de salvajes pueda destruir a dos civilizaciones gloriosas... a menos, claro, que no fueran tan gloriosas, y que estuvieran en decadencia).

Es que los españoles, traicioneros como son, entraron a la capital azteca invitados por Moctezuma, y comenzaron a planear la conquista desde adentro. Lo bueno es que Cuitláhuac derrotó a los españoles en la Noche Triste. (Lo curioso y contradictorio es que hasta la historia oficial le llame Noche Triste, cuando el derrotado fue Cortés y el triunfador Cuitláhuac, con lo que debería ser la Noche Alegre.)

Es que los indígenas eran tan buenos... y los españoles tan malos.

—Muy bien, señor México, deténgase ahí. Dígame, por qué esta preferencia tan marcada para uno de sus hijos y tanto odio hacia el otro.

—¡Hijos españoles, ni Dios lo permita!

—Muy bien, cuando dice eso, ¿a qué Dios se refiere?

—Pues cómo a cuál, pues al único que existe, a Dios nuestro Señor.

—¿Qué me dice de Quetzalcóatl?

—Ya está bromeando otra vez, doctor, Quetzalcóatl no existe.

—Bueno, es que defiende tanto a sus hijos indígenas que pensé que simpatizaría con su dios.

—Aquí no es cosa de preferencias, doctor, sólo hay un Dios.

—¿Y recuerda usted que ya habíamos concluido que a ese Dios único en el que cree lo trajeron los españoles?

—Sí, doctor, lo recuerdo… ya dijimos que los españoles dejaron su idioma, su dios y por menos la mitad de lo que hoy son nuestras costumbres… pero bueno… pues mínimo algo tendrían que dejar esos méndigos conquistadores.

—Si le dejaron la religión que usted da por buena y en la que considera que está la salvación de su alma… eso es bastante bueno, ¿no?

—Bueno… pues sí… supongo que sí.

—Además del idioma, como ya habíamos aclarado en la sesión anterior y que usted mismo acepta; pero nos estamos desviando, estábamos en el tema de sus hijos y de la preferencia tan marcada que tiene por uno de ellos.

—La verdad no lo entiendo, doctor.

—Es muy sencillo, a partir de 1521 siguieron viviendo tanto españoles como indios, ambos tuvieron descendientes, y si todos nacieron en el mismo suelo, pues todos son mexicanos, ¿no cree usted?

—Pues teóricamente sí.

—Bien, hablemos de su otro hijo, el de en medio, normalmente el hijo de en medio es el que más problemas tiene.

—¿Está usted hablando del mestizo?

—Vaya, lo acepta, eso es un gran comienzo... sí, a él me refiero, al mestizo.

—Pues es que siempre ha sido conflictivo, se la pasa peleando con sus dos hermanos, a veces se lleva más con uno, a veces con el otro, pero más bien se la pasa peleando con los dos todo el tiempo... ¿sabe, doctor?, como que no se ubica.

—¿Ha hecho usted algo para que se ubique?... o planteado de otro modo: tal vez usted está haciendo algo para que sea así de conflictivo.

—¿Usted cree?

—Pues mire, señor México, reniega usted de su hijo el indio y de su hijo el español... y pues su hijo el mestizo es justo mitad y mitad de eso... ¿no cree que tal vez por eso se sienta un tanto discriminado?

—Pues la verdad nunca lo había pensado, doctor.

—Ajá... quizás ése sea el problema...

Hubo un momento en nuestra tormentosa y aguerrida historia patria en que la letra de nuestro himno era del todo adecuada y congruente con la realidad (incluso antes de que existiese el himno). El primer siglo de vida independiente de México se vivió en medio de interminables y fatigosas batallas, no sólo 11 años de diversas guerras que finalmente condujeron a la libertad, sino una serie de conflictos desde el primer día de nuestra vida libre.

Hoy es necesario entender y aceptar que NO hubo una guerra de independencia de 11 años donde el pueblo mexicano luchó como un solo ser contra la tiranía española... tal cosa jamás ocurrió. Así se enseña aún en textos oficiales y en las escuelas; incluso, derivado de esa "enseñanza" hay quienes se imaginan a un ejército mexicano contra uno español, pero tal cosa tampoco ocurrió nunca, y eso es por algo simple: a inicios del siglo XIX México seguía sin existir, estaba por nacer.

Para 1810 existía un reino llamado Nueva España, donde en realidad había muy pocos españoles; la población no llegaba a 10 millones, y era de indígenas, mestizos, españoles criollos (los nacidos aquí) y españoles peninsulares, que eran apenas decenas de miles. Hidalgo nunca tuvo un ejército sino una turba iracunda saqueadora; quien tuvo un ejército rebelde en forma fue Morelos, el que en realidad se enfrentó a un ejército virreinal... no a uno español.

Es decir que en el ejército virreinal había criollos, mestizos e indígenas leales a la corona española, y en el ejército insurgente había criollos, mestizos e indígenas en favor de la independencia; tiene más tinte de guerra civil. El ejército más grande que llegó a tener Morelos a su mando fue de unos 8 000 soldados en 1813, en ese mismo año el ejército virreinal de Félix María Calleja difícilmente tenía más. España estaba invadida por Francia y no podía enviar tropas… cuando finalmente fue derrotado Napoleón, el rey Fernando VII pudo mandar refuerzos, y entonces llegó a haber en Nueva España hasta 50 000 soldados… y se acabó la guerra de independencia, con la muerte de Morelos, en 1815.

Entre 1810 y 1821 se vivieron en el territorio aún llamado entonces Nueva España diversas guerras de independencia, nunca una misma guerra. Éstas fueron encabezadas en distintos momentos por una serie de caudillos que en más de una ocasión lucharon entre sí; una serie de próceres que tuvieron proyectos diferentes, desde el "Fernandismo" de Miguel Hidalgo, pasando por el republicanismo de Morelos, hasta llegar a la guerra que finalmente triunfó: el imperialismo de Agustín de Iturbide.

El "enemigo" de México fue España hasta el 27 de septiembre de 1821; ese día se obtuvo la libertad cuando Iturbide marchó triunfante en la ciudad de México y recibió el poder de manos de Juan de O'Donojú; el día 28 se firmó el acta de independencia y fue de fiesta, baile y jolgorio… y desde el día siguiente el enemigo de México era algún mexicano no conforme con el proyecto encumbrado. Desde borbonistas hasta republicanos, centralistas y federalistas, conservadores y liberales; hubo un momento en que todos estaban de acuerdo en la necesidad de la independencia, pero jamás lo estuvieron respecto del tipo de gobierno que se debería establecer.

Los mexicanos no lucharon todos unidos por su libertad, y es por eso que, una vez obtenida, siguieron peleando por tomar el poder y por establecer sus ideas... siempre peleando, jamás con la idea de sentarse a dialogar las diferencias... más o menos como ahora, dos siglos después.

Cierto es que Iturbide, con su Plan de Iguala, apeló a la unión de todos los mexicanos... y lo logró; los antiguos insurgentes se aliaron con los que en su momento fueron los realistas que los persiguieron por años. El símbolo de esta unión entre bandos tan contrarios es un evento que es finalmente el emblema de la unión nacional; el Abrazo de Acatempan, donde Vicente Guerrero, bravo insurgente sobreviviente de la Guerra de Morelos, estrechó en sus brazos al coronel realista que lo persiguió por años: Agustín de Iturbide.

La unión era necesaria para ganar la libertad, pero una vez obtenida ésta fue evidente que los diversos grupos políticos no sólo no estaban de acuerdo, sino que de hecho tenían proyectos absolutamente contrarios, o peor aún, no tenían proyecto alguno más allá de tomar el poder. Iturbide le regaló a 10 millones de personas algo que tal vez 200 años después aún no sabemos cómo usar: una patria libre.

Y digo Iturbide porque, guste o no, se acepte o no en la historia, y lo reconozcan o no los sacros guardianes del oficialismo, el coronel Agustín Cosme Damián de Iturbide y Aramburu fue el hombre que ideó un proyecto, tuvo un plan, concibió un país, y fue el hombre que pacificó un reino anegado en sangre, terminó con 10 años de autodestrucción, y finalmente obtuvo una independencia que fue resultado de los acuerdos y no de la violencia.

Acuerdos en vez de violencia; es evidente que no somos herederos del legado del verdadero padre de la patria, y se hace patente también por qué le adjudicamos esa falsa paternidad a Hidalgo, porque viene más al caso con el carácter del mexicano: violencia sin proyecto en lugar de acuerdos para obtener algo.

Así pues, México nació con una guerra que continuó sin cesar; simplemente el enemigo dejó de estar fuera y estuvo desde entonces, y hasta la fecha, adentro. El caos mexicano, en un territorio ambicionado por tantas potencias, colaboró para que más de un país buscara obtener ventajas de la debilidad nacional. Desde tiempos de Iturbide los norteamericanos buscaron entrometerse en la política, y entre intervenciones francesas, invasiones estadounidenses e intentos españoles de reconquista transcurrieron las primeras décadas de una patria que también se desangraba eternamente.

La guerra se convirtió en el hecho cotidiano de un país que, apenas décadas atrás, siendo aún Nueva España, casi no tenía ejército; al poco tiempo, la actividad militar era vista como la mejor opción para la supervivencia y, tristemente, la máxima causa de muchos soldados no era uno u otro proyecto, sino la subsistencia cotidiana.

Es en este sentido en el que hay que reflexionar, cuando pasaron ya dos siglos de iniciado el desmán que se convirtió en la guerra que condujo a la libertad. ¿Hay proyectos en el país? Es posible que los partidos políticos representen alguno y otra serie de grupos ciudadanos representen otros, pero difícilmente se puede hablar de un proyecto de unidad nacional.

Ese sendero por el que todos, con sus pequeñas variables, queremos transitar. Ese camino no existe, y unos 50 millones de mexicanos tienen como principal causa y proyecto sobrevivir a un nuevo día, su causa es la subsistencia y es por ello que difícilmente podrán interesarse en algo más elevado. Cincuenta millones de miserables a pesar de que la telaraña mítica nos dice que el México de hoy surgió de una revolución social.

Peor aún, si bien nuestra patria no vive al acecho de las potencias ambiciosas del siglo XIX, y la guerra internacional no es la cotidianidad, es un hecho que el mexicano sigue teniendo enemigos… tal vez sólo por fastidiosa costumbre, por décadas y décadas de tener siempre uno, por años enteros de una educación basada en el miedo al "otro", al de afuera; el caso es que el mexicano, si no encuentra un enemigo externo, se enfrenta a dos opciones: la primera es inventar uno, lo que nos lleva al eterno complejo de conquistado que hasta la fecha nos evita levantar amarras y navegar al horizonte del progreso; otra opción es que el enemigo sea el mexicano de al lado, el que, por la razón que sea, piensa distinto a uno, y que por lo tanto consideramos adversario, antipatriota, vendepatrias o traidor. Aún NO entendemos que pensar diferente no es traición, y que para eso está el diálogo, pero ni aun los "representantes del pueblo", cuyo deber es dialogar, saben hacerlo.

Pareciera que los mexicanos quisiésemos evitar a todo costa que la belicosa letra de nuestro himno nacional pierda vigencia, y así nos lanzamos a la guerra eterna. No hace falta, desde luego, modificar el himno, sino las mentalidades, y si bien la guerra fue el método que tuvo esta nación para nacer y para sobrevivir, es de vital importancia dejarla en el olvido, ya que sólo el camino de la paz nos podrá llevar al futuro. Al sonoro rugir del cañón comenzó a escribirse la historia de nuestro querido México, y es necesario que el clamor de la metralla de los cañones sea acallado de una vez por todas.

El trauma del mestizaje

Desde el siglo XVI se comienza a gestar el pueblo mexicano, precisamente por comenzar el mestizaje que hoy somos, por encima de lo étnico, el mestizaje cultural… pero desde entonces comenzó también la historia de un gran trauma, precisamente el trauma de ser mestizo. El mestizaje fue el proyecto de Cortés para la nueva patria que estaba forjando, pero la corona española no compartió esa visión, y de hecho el rey Felipe II emitió leyes en contra del mestizaje, de la mezcla… claro que para entonces ya había muchos mestizos, que por decreto real se convirtieron en súbditos ilegales.

Con la prohibición del mestizaje fue necesario también promover la llegada de mujeres españolas a América, ya que de lo contrario esa ley era imposible de cumplir; fue así como para finales del siglo XVI ya también había criollos; es decir, los descendientes de españoles, sin mezcla, nacidos en América. Comenzó entonces una división social que mentalmente no se supera.

Para el siglo XVII había cuatro grupos sociales completamente distintos cohabitando en el mismo espacio, pero desde luego sin formar un mismo pueblo... más o menos como hoy. Había, evidentemente, indígenas, con muchas leyes destinadas a su protección, pero que no se cumplían; había mestizos, la mezcla del indio y el español; había criollos, y había españoles peninsulares. Uno podría creer que criollos y españoles, al ser finalmente iguales, serían un mismo grupo, pero eso no fue así a causa de la discriminación del propio español peninsular, que segregaba al otro español sólo por haber nacido en América.

Con el tiempo, fueron los criollos, los descendientes de los conquistadores originales, los que desarrollaron un sentido de pertenencia al reino de Nueva España; de hecho desde el siglo XVI fueron criollos los que ya buscaban la independencia y los que veían en el español peninsular a su sometedor.

Por otro lado, la subordinación lograda sobre el indio a causa de la conquista espiritual hizo que a pesar de ser el único grupo étnico que podría sentirse conquistado, fuera precisamente el más sumiso, el más fiel creyente ante el altar y el más devoto súbdito ante el trono, el que nunca luchó por su libertad, o pueblos del norte, de Oaxaca o de Yucatán que nunca terminaron de ser conquistados... pero en medio de todos éstos quedó alguien que nunca supo quién era, y que fue víctima de la discriminación de todos: el mestizo.

El peninsular veía menos al criollo sólo por haber nacido en suelo americano, pero desde luego que ambos, blancos e hispanos como eran, veían con desprecio al mestizo, del que no tenían más remedio que aceptar su sangre española, pero finalmente mezclada con indígena, con lo cual ya no era igual. Del otro lado el indígena veía al mismo mestizo con desconfianza, se aceptaba su sangre indígena, pero finalmente ensuciada con la del español... el racismo se da en todos los extremos de la sociedad.

Así es como se fue conformando un país mestizo donde se despreciaba al mestizo; fue así como se conformó una sociedad de grupos que se odiaban y veían con desconfianza mutuamente... así fue durante 300 años, y evidentemente así era en 1810. Para ese año eran los criollos, los descendientes de los conquistadores, los que más oprimidos se sentían por la corona española, y fueron los que encabezaron las diversas etapas de la guerra de independencia. Criollos y mestizos se unieron sólo porque tenían un enemigo común: el español peninsular, y la coyuntura histórica les dio la oportunidad de quitárselos de encima... el indio fue la carne de cañón de ambos bandos en esa guerra.

Antes de 1810 había odio y división entre indígenas, mestizos y criollos... y no hubo una sola razón para que esto cambiara después de 1821. Derrotado el español, las enemistades entre los grupos continuaron. Pero sólo si entendemos y aceptamos que la independencia fue un proyecto criollo en todo momento, podremos entender el divisionismo posterior; de hecho ni siquiera fue un movimiento de todos los criollos, ya que unos se veían más beneficiados que otros con ser parte de España o con la Independencia.

Criollos fueron Hidalgo, Morelos (sí, Morelos fue criollo, según consta en su acta de bautismo) y Victoria, perseguidos y derrotados por el criollo Iturbide, quien posteriormente fue el que obtuvo la independencia... su proyecto de independencia. No fue una misma guerra, por eso los sobrevivientes de la primera insurgencia, entre 1810 y 1815, si bien se unieron a Iturbide en 1821, sintieron que se les había arrebatado, y así fue, su guerra de independencia.

Los primeros conflictos en el México independiente no fueron entre grupos étnicos, fueron también entre criollos, entre los sobrevivientes de la insurgencia original contra los iturbidistas, cada grupo convencido de que le correspondía el derecho de tener el poder. El indio quedó igual de sometido antes y después de 1821, y el mestizo igual de discriminado.

Pero México era culturalmente mestizo, y aun así el mestizo era discriminado por todos... es decir que nació un México mestizo que odiaba al mestizo y un mestizo que odiaba a todos los demás. En claro, surgió un México donde los mexicanos se odiaban a sí mismos y por eso eran enemigos unos de otros, ahí está una de las raíces del síndrome de *Masiosare*.

Traslademos todo esto al siglo XXI y no ha cambiado mucho. Sí, todos aceptamos en teoría que el nuestro es un país mestizo, pero no desaparece el trauma de la conquista y por lo tanto el odio al conquistador, y ya que la estructura social no cambió ni con la independencia ni con la revolución, arriba quedaron los criollos, abajo el indígena y en medio, siempre en medio y odiado por todos, el mestizo.

Hoy (y siempre) es estúpido hablar de razas; el mestizaje mexicano es cultural, pero la tradición de discriminación por el mestizo es parte de nuestra mente colectiva. Somos mestizos que despreciamos el mestizaje, y ahí van unos mexicanos con complejo de conquistadores sintiéndose muy europeos, y del otro lado los indigenistas que siguen lamentando la conquista y pretendiendo que la mexicanidad es prehispánica.

Justo aquí, en el trauma del mestizaje nunca aceptado, está la base de la crisis de identidad que es parte del síndrome de *Masiosare*; este trauma que impide que exista un pueblo unido, ese que dicen en los cánticos que jamás será vencido. Antes de la independencia teníamos a insurgentes contra realistas, a principios del siglo XIX, ya independientes, había insurgentes contra iturbidistas, y una serie de conflictos políticos enmarcados en la lucha de dos logias masónicas: yorkinos contra escoceses; con el paso del tiempo el gran combate que desangró a México fue de liberales contra conservadores, de rojos contra mochos... hoy es izquierda contra derecha, pero nunca cambia el hecho de que somos enemigos unos de otros.

Es absurdo, la derecha plantea que debe haber finanzas públicas sanas, una administración responsable y no vivir del endeudamiento; nadie puede estar en contra de algo tan lógico. La izquierda plantea que ahora sí ya es hora de la justicia social, que debemos tener igualdad de oportunidades, que es necesario abatir la pobreza; nadie puede estar en contra de algo tan lógico, pero en lugar del diálogo civilizado seguimos en el eterno encono que, una vez más, nos ata al pasado y nos aleja cada vez más del tan anhelado futuro.

"Por mi raza hablará el espíritu"... ya se ha visto lo absurdo y vacío de ese lema cuyo origen casi todos desconocen, y que así como quedó no significa nada, más que la ridícula idea de que el mexicano es una raza, el latinoamericano, para ser más exactos, y de ahí que sólo esa parte de América aparezca en el escudo universitario. Hermanos latinoamericanos, siempre se nos ha dicho, y estamos tan acostumbrados a vivir en la contradicción y la paradoja, que no caemos en cuenta de que lo que nos hermana a todos esos países es precisamente la parte que negamos: la hispanidad... porque desde luego no eran pueblos indígenas hermanos antes del siglo xvi.

La raza es un invento de los racistas; muy racista era Vasconcelos y por eso no es de extrañar que ese concepto vertido en el lema universitario venga de su mente. Si el concepto raza es ridículo en Europa, donde finalmente todos los tonos de blanco están fusionados, más absurdo es en América, donde se mezcló absolutamente todo. En México muchos dicen con orgullo que no somos racistas, pero vaya que lo somos... no contra el negro, porque de hecho hay pocos, y nuestra historia es muy diferente a la de Estados Unidos. Pero vivimos en un país donde, se diga lo que se diga, somos racistas. Parece clasismo, pero cuando las clases sociales están determinadas en gran medida por el pigmento, y son bastante inamovibles, eso es racismo. Cuando "la mona, aunque se vista de seda, mona se queda", hay racismo; cuando volvemos diminutivo lo que consideramos indefenso, tonto, inútil o simplemente por debajo de nosotros, como el negrito, el prietito, el indito, hay racismo. Cuando estigmatizamos al "nuevo rico", que como quien dice ganó su fortuna en vez de heredarla, hay racismo. Cuando el naco tiene al fresa y el fresa tiene al naco, hay racismo. Cuando se hace patria matando a un chilango, hay racismo. Cuando en los patios de las escuelas no hay varios colores, hay racismo; cuando un antro tiene una zona VIP, hay mucho racismo. Cuando no hay indígenas ricos, hay racismo.

No existe la raza mexicana ni otra alguna. Existe la cultura mexicana y otras tantas, todas valiosas, todas con virtudes, todas con errores, todas ricas. No hay uno más mexicano que otro, ni se puede ser más o menos mestizo. No hay criollo ni indio puro; el blanco que come tamales ya tiene algo de indio, y el indio que es cristiano o guadalupano ya tiene algo de blanco. Hoy no hace falta en México un europeo, no hace falta un criollo, ni un mestizo ni un indígena. Hoy hace falta un mexicano.

EL REGRESO DE *MASIOSARE*

"Mas si osare un extraño enemigo, profanar con su planta tu suelo"... eso dice nuestro himno, eso le canta el mexicano a la patria, prometiendo que todos los mexicanos seremos sus soldados si nos ataca el enemigo... pero no ocurrió así ni en la primera intervención francesa (1838), ni en la guerra contra Estados Unidos (1846-1848), ni en la segunda intervención francesa (1862), ni en el imperio de Maximiliano (1864-1867)... de hecho todas esas guerras e invasiones se dieron porque estábamos peleando entre nosotros.

Y así pasa y pasa el tiempo y las costumbres se aferran; México vive siempre amenazado por la sombra de *Masiosare*, ese extraño enemigo mencionado en nuestro cántico patrio. *Masiosare* pareciera ser, efectivamente, ese extraño enemigo del que se hace mención en nuestro himno, ha reaparecido y está nuevamente entre nosotros: profanó con su planta nuestro suelo y está listo para destruir a México... como siempre ha estado.

Lo triste es que *Masiosare* es extraño pero no extranjero, y de hecho ha estado eternamente entre nosotros; el principal y más terrible enemigo que ha tenido por siempre el mexicano es el mexicano de al lado, dispuesto a hacerlo pedazos... sólo por pensar distinto.

Ya se mencionó que a falta de enemigo real es suficientemente bueno el imaginario; sea éste el extranjero en forma de inversionista privado, potencial reconquistador, o sea otro connacional que simplemente no comparte nuestra visión; en el siglo XXI México sigue dividido, igual o tal vez peor que en tiempos de la reforma juarista. Pero el hecho ineludible es que México no va como debería de ir, México está mal, es la promesa eterna, siempre el país del mañana, y lo será mientras sigamos peleando entre nosotros, mientras no derrotemos a *Masiosare*.

En el siglo XIX decía Porfirio Díaz que la razón por la que le va mejor a Estados Unidos es que, una vez que alguien gana la presidencia, el pueblo y los políticos se le unen para trabajar por la nación. En cambio en México, en cuanto alguien toma el poder, todos, enemigos y antiguos amigos, se ponen en su contra. Eso fue dicho en el siglo XIX y pudo haber sido dicho ayer. Mexicanos al grito de guerra... sí, pero entre nosotros.

Nuestro primer presidente, Guadalupe Victoria, llegó a tan alto honor por ser tal vez la persona que más confianza inspiraba a todos los bandos; su honor, su valentía y su patriotismo eran incuestionables. No obstante, encontró a su peor enemigo en su vicepresidente, Nicolás Bravo, hombre con el que había luchado codo con codo; Victoria terminó su periodo, fue el único que pudo hacerlo entre 1824 y 1857, y cedió el poder al ganador de las elecciones, Manuel Gómez Pedraza; pero desde entonces salió a relucir el talante antidemocrático de nuestra patria, y aconteció el primer golpe de Estado de nuestra vida libre para que Vicente Guerrero, el que perdió las elecciones, tomara el poder.

Tomar el poder parece ser el gran proyecto nacional de México, de ahí que entre 1824 y 1855, sólo tres décadas, tuviésemos 50 gobiernos, de meses, semanas y hasta días de duración.., récord roto en medio del baño de sangre al que llamamos revolución, donde una presidencia, la de Pedro Lascuráin, duró 45 minutos, segundos más, segundos menos.

En México nos encanta culpar al extranjero, es parte del síndrome de *Masiosare*, pero un vistazo a la historia nos deja ver que ha sido el eterno conflicto el que nos ha destruido y anclado al pasado. En realidad, a partir de 1810, en que nos dicen que comenzó la guerra de independencia, México vivió en eterna guerra, sea entre nosotros o contra otro país. La llegada de Juárez al poder no cambió mucho las cosas, pasamos de las presidencias efímeras de meses a una dictadura (sí, Juárez fue héroe pero también dictador, así como Díaz fue dictador pero también héroe) de 15 años.

Los 15 años de Juárez no supusieron estabilidad, de nuevo porque no fuimos capaces de terminar con la guerra interna, que trajo, desde luego, la guerra externa. Don Benito se convirtió en presidente en diciembre de 1857, a causa de un autogolpe de Estado de Ignacio Comonfort, y durante los primeros 10 años de su mandato estuvimos en guerra, ese eterno conflicto entre liberales y conservadores, ese eterno pleito entre radicales incapaces de llegar a acuerdos.

Finalmente, en 1867 los liberales derrotaron definitivamente a los conservadores. Mariano Escobedo y Porfirio Díaz dieron el estoque de muerte al tambaleante imperio de Maximiliano... y los liberales comenzaron a pelear entre sí, básicamente porque Juárez no quería dejar el poder. De 1867 a 1872 gobernó don Benito sin guerra, y sólo salió del Palacio Nacional con los pies por delante, con lo que Sebastián Lerdo de Tejada, para entonces presidente de la Suprema Corte, se convirtió en presidente y cubrió el periodo hasta 1876. No hubo guerra externa, pero la batalla por el poder entre el bando amigo continuó: Jesús González Ortega, José María Iglesias, Sebastián Lerdo de Tejada y Porfirio Díaz también querían la presidencia.

Porfirio Díaz tomó el poder en 1876 y su primer objetivo fue pacificar el país; evidentemente, y como él mismo dijo, una paz forzosa... pero don Porfirio fue el primero en traer paz tras siete décadas de guerra que comenzó en 1810, y hubo paz de 1876 a 1911... conflictos, muchos, pero en términos generales, paz, y con ella, el orden y el progreso que el país necesitaba. Claro que Díaz, que tomó el poder con la bandera de la no reelección, se eternizó el doble de tiempo que Juárez.

En mayo de 1911, un Porfirio Díaz cansado y de 81 años, que no quería una guerra civil, y que perdió el favor de Estados Unidos, renunció a la presidencia. Es muy inexacto decir que Díaz dejó el poder a causa de la revolución, la verdadera masacre vino después de la renuncia de Porfirio. Los campesinos alzados y los batallones de muerte se dieron con Madero en la presidencia.

Díaz fue el hombre fuerte que contuvo por tres décadas la tradicional ambición de poder del mexicano; una vez caído el hombre fuerte regresó *Masiosare*; mexicanos contra mexicanos por tomar el poder, una auténtica guerra civil que no tuvo nada de revolución. La telaraña mítica nos dice que la revolución se hizo para derrocar a Díaz, pero él se fue del país en mayo de 1911, y los balazos y matanzas siguieron 20 años más... nuevamente, por la incapacidad de dialogar... o cuando se dialogaba, por la deslealtad de no cumplir los acuerdos.

Pero hay que decirlo como es: la peor guerra que ha tenido México desde su independencia hasta la fecha fue la mal llamada Revolución, fue una guerra de mexicanos contra mexicanos por tomar el poder, duró 20 años, nos dejó tres millones de muertos y desplazados, nos atrasó unos 50 años, terminó con el progreso que se había logrado, nos legó un partido dictatorial (a pesar de que según esto la revolución fue por democracia), y nos creó muchos mitos que han generado muchos traumas.

El peor episodio de la historia de México no se lo debemos a España, Estados Unidos, Francia o a los árbitros de los mundiales..., se lo debemos a *Masiosare*... a los propios mexicanos matándose por el poder... y poco hemos cambiado.

Una revolución "social" ganada por aristócratas como Madero, Carranza y Obregón, y en donde todos los supuestos héroes se mataron entre sí porque todos tenían proyectos distintos. El héroe Carranza mató al héroe Zapata y fue a su vez asesinado por el héroe Álvaro Obregón, quien también asesinó al héroe Villa y fue a su vez asesinado por el héroe Elías Calles, quien fue desterrado por el héroe Cárdenas.

Más importante que eso: en 1810 hubo una guerra que independizó a Nueva España y la convirtió en México, pero que no cambió la estructura social de desigualdad y privilegios. En 1910, debido a eso, fue necesaria otra guerra, ésta de más de 20 años, que, sorpresa, más allá de los millones de muertos y más mitos (como el de que hubo una revolución), no nos dejó nada. Los pobres no fueron sacados de pobres sino convertidos en capital político, papel que cumplen dignamente hasta el día de hoy. El país dio un giro de 360 grados; es decir, dio la vuelta para seguir igual que antes.

EL TRAUMA DEL CHAPOPOTE

Muchísimos mitos dejó la llamada revolución, el principal, que hubo una revolución, pero hablemos de los mitos derivados, y uno de los más dañinos es el trauma del chapopote. La revolución es un discurso ideológico de Lázaro Cárdenas, fue él quien decidió que había que dar un sentido, por mítico que fuera, a una masacre de dos décadas.

Aceptar que nos matamos por unos 20 años por la simple ambición de poder resulta muy poco romántico y menos heroico aún; en cambio, decir que esa masacre fue en realidad una revolución, que ésta fue contra la tiranía, que tuvo ideales e idealistas, que fue social, que la luchó y la ganó el pueblo, y que a causa de ello nos ganamos una serie de derechos... eso resulta épico, y desde luego, justifica al régimen que logró encumbrarse en medio de este baño de sangre.

Así pues, la telaraña mítica nos dice que hubo una revolución, que ésta tuvo ideales, y que el partido de ella emanado es el garante de esos ideales, el defensor de los derechos obtenidos. Y aun así ni el verdadero triunfador de la guerra, Obregón, ni el creador del partido, Calles, ni el propio Cárdenas, tenían aceptación total. Fue así como don Lázaro tuvo que inventar un mito de magnitud gloriosa que uniera a todos los mexicanos, pero sobre todo que le diera legitimidad a él y al partido que él creó, PRM, tras destruir al PNR creado por Calles. De esta necesidad surgió el gran mito de la expropiación petrolera, y de este mito surgió el trauma del chapopote.

Es cierto que en tiempos de don Porfirio, a falta de recursos y tecnología nacional, la explotación de nuestro recién descubierto petróleo se dejó en manos de empresas extranjeras, y sí, también es cierto que éstas abusaban, pero no durante el porfiriato, donde había un hombre con puño de hierro que ponía orden; el abuso vino precisamente tras la caída de Díaz. Con México peleando contra México durante 20 años, los empresarios extranjeros siguieron explotando el hidrocarburo sin dar cuentas a nadie.

En 1917 se proclamó una constitución muy buena, pero muy poco nueva, ya que se basó en la que ya teníamos desde 1857 y que no se cumplía (así como hoy no se cumple la que tenemos desde 1917). Las famosas garantías individuales ya estaban garantizadas desde antes, al igual que el laicismo, la división de poderes y todas esas supuestas aportaciones... pero así como la expropiación, el mito de nuestra grandiosa constitución pretende dar un poco de sentido a la masacre fratricida que protagonizamos.

El punto es que en esta constitución se estableció una ley nada nueva, de hecho muy virreinal, que dice que los recursos del suelo y el subsuelo son propiedad de la nación (en el virreinato los recursos del suelo y el subsuelo eran propiedad de la corona, lo cual beneficiaba no al pueblo, sino a la corona, del mismo modo que hoy se beneficia el gobierno, no el pueblo).

Derivado de este artículo constitucional, el petróleo, riqueza del subsuelo, pasaba a ser de la nación. Ahí estaba la ordenanza, pero no había nadie estable que la pudiera hacer cumplir, pues el gobierno de Carranza estuvo todo el tiempo en guerra. Obregón no fue reconocido por los norteamericanos, y para obtener ese reconocimiento se comprometió a no tocar a los empresarios gringos, promesa que mantuvo Calles.

Así pues, fue Cárdenas el que llevó a cabo el gran acto simbólico, la expropiación petrolera. Es simbólico por dos razones: *1)* el petróleo ya era de la nación desde 1917, y *2)* Cárdenas no expropió el petróleo, que ya era de la nación, sino las empresas, es decir, los fierros, las máquinas, la infraestructura, la tecnología. El gobierno se quedó con todas las empresas, estadounidenses, holandesas e inglesas, y formó Petromex, después llamado Pemex.

Quizás Cárdenas hizo lo correcto para ese tiempo, aunque este pueblo que vive del pasado debería entender que las soluciones de un siglo no son necesariamente las soluciones de otro. Pero lo verdaderamente trágico es que en torno al petróleo se estableció todo un discurso que hasta hoy nos dice dos mentiras: *1)* que el petróleo es de todos los mexicanos, cuando en el mejor de los casos es sólo del gobierno, y en el peor, del sindicato petrolero, y *2)* que nuestra soberanía reside en el petróleo, que gracias a la revolución es nuestro, y no de los extranjeros que sólo buscan saquear nuestros recursos.

Si la soberanía de México reside en el petróleo habría que preguntarse dos cosas al respecto: *1)* ¿no éramos soberanos antes de descubrir nuestro petróleo, es decir, durante todo el siglo XIX, aunque ya éramos independientes?, y *2)* ¿dejaremos de ser soberanos cuando se termine el hidrocarburo, lo cual será, en el mejor de los casos, en dos décadas más?

Surgen otras dudas: *1)* la mayoría de las naciones no tienen petróleo, luego entonces ¿no son soberanas?, *2)* en Estados Unidos el petróleo no es de la nación, es propiedad de aquel que lo tenga en el subsuelo de terrenos de su propiedad, ¿entonces Estados Unidos, la potencia del mundo, no es un país soberano?, *3)* China es la potencia naciente del siglo XXI, tiene poco petróleo y lo extrae con capital privado, ¿China no es soberana?, y *4)* la mayoría de los países con petróleo lo extraen con empresas y capital privado y extranjero (porque el capital no tiene patria)… ¿todas esas naciones no son soberanas? ¡Pero qué afortunado es México!, es, según parece, de los poquísimos países del mundo, si no es que el único, que es soberano… aunque evidentemente dejará de serlo en unos 20 años.

Para rematar, el mito del petróleo nos ancla al pasado, como todos nuestros mitos, ya que al final seguimos dependiendo de un recurso natural no renovable… es decir, de la suerte geográfica, del azar, de la fortuna de que en este territorio, de momento, hay petróleo… finalmente dinosaurios muertos… los únicos dinosaurios muertos de este país.

Los países modernos y de verdad progresistas apuestan a la tecnología, a la economía de la información o de los servicios, a la transformación de la naturaleza, a la producción de bienes… no a un recurso que se agotará tarde o temprano… y que será más bien temprano.

Y así, llevamos casi 100 años diciendo que nuestra soberanía reside en ese chapopote que el azar dejó en nuestro subsuelo, al tiempo que tenemos la única empresa petrolera del mundo que está quebrada, y que no tiene la tecnología para extraer parte de ese petróleo que es nuestro, pero que está demasiado profundo.

La China que se dice comunista saca petróleo con capital privado y extranjero; la Cuba que también se presume comunista hace lo mismo. Petrobras, la gran empresa petrolera de Brasil, vive hoy sus mejores momentos, derivado de que en el gobierno de un socialista de izquierda como Lula da Silva se convirtió en una empresa mixta, propiedad del Estado, pero con recursos privados, vengan de quien vengan. Irán expropió el petróleo en 1979, justo tras la revolución que estableció el actual régimen, y extrae parte de su petróleo en sociedad con Rusia.

España no tiene petróleo, pero tiene una empresa petrolera más competitiva que Pemex, que invierte en pozos en todo el mundo... mismo caso que Holanda. Países como Suecia, Noruega, Inglaterra y Estados Unidos sí tienen petróleo en su territorio y sus mares, pero no es de la nación sino de los particulares que lo extraen... y son países ricos.

En México, el único beneficio que el pueblo recibe del petróleo es que éste mantiene al Estado, por lo que el gobierno no se ve en la necesidad de hacerse más productivo, pues vive en una borrachera de chapopote que dejará una cruda de magnitudes épicas.

EL TRAUMA DEL CHAPOPOTE es en realidad una derivación de otros traumas, aplicados a un recurso natural. Derivado del trauma de la conquista, no queremos que nadie meta dinero en nuestra empresa petrolera... porque de seguro quieren conquistarnos, saquearnos nuevamente como hicieron los méndigos españoles durante 300 años. Derivado de nuestra polarización social y de la mezquindad de nuestros políticos, el petróleo, y la soberanía que en él reside, es simplemente un discurso, que no busca la verdad sino los votos.

Habría que entender que en estos tiempos de globalización (que no es una opción sino una realidad) ningún país es del todo soberano, ya que hay una interdependencia absoluta en todos los sentidos, ningún país es autosuficiente… aunque ese mito también se contó en México durante el siglo XX; hasta nos decían en la escuela que nuestro país tiene la forma de un cuerno de la abundancia, una cornucopia de recursos, que teníamos de todo y no necesitábamos a nadie. El único país que en realidad tiene TODOS los recursos necesarios para vivir es Rusia, y paradójica e irónicamente tiene todo, menos la cantidad necesaria de población para explotar todos esos recursos.

Singapur es más pequeño que el Distrito Federal y más rico que todo México, no tiene petróleo, de hecho no tiene ningún recurso, todo, absolutamente TODO, lo importa, incluyendo el agua potable. Han apostado al comercio y la tecnología, lo cual les da suficiente dinero para hacerse de todos los recursos que no tienen… eso en definitiva los hace más soberanos que México… que vive con el eterno trauma del chapopote y de la soberanía.

Obviamente habrá que ir buscando un mito en el cual depositar nuestra soberanía cuando el petróleo se agote o los países desarrollados finalmente desarrollen otro combustible más eficaz y menos contaminante. Lo peor es que ese mito en realidad ya existe, y es más arcaico que el del chapopote…

EL TRAUMA DEL EJIDO, O "SIN MAÍZ NO HAY PAÍS"

Durante las primeras décadas de independencia México era muy improductivo, básicamente por dos razones:

la guerra constante, y que se mantenían los sistemas económicos virreinales. Éramos un país de tradición agrícola que no era autosustentable en cuestiones agrícolas; eso lo cambió don Benito Juárez, que tras las expropiaciones a la Iglesia y a las comunidades indígenas de autoconsumo creó grandes haciendas productivas.

Porfirio Díaz heredó ese México que ya era agrícolamente autosustentable, y lo hizo primer productor mundial de muchos productos del campo, claro, con un campo industrializado y bajo el esquema de grandes haciendas productivas creado por el liberalismo juarista... todo esto lo destruyó Cárdenas al crear el ejido. El ejido acabó con el campo mexicano, lo regresó al autoconsumo, e hizo que pasáramos de ser agricultores a ser nuevamente campesinos. Lo peor es que logró crear el mito de que el ejido era un avance, un logro, y desde luego, un derecho del pueblo.

Como un mito debe estar atado a un personaje, el elegido fue Zapata, uno de esos "próceres" del que poco sabemos más allá precisamente del mito, pero como la guerra civil a la que llamamos revolución la ganaron los aristócratas, Villa y Zapata eran vitales para construir sobre ellos la leyenda de la revolución social, y en el caso específico de Zapata se hizo recaer sobre él la fábula del ejido. Muchos mexicanos creen que la lucha zapatista nos legó el ejido, peor aún, muchos creen que el ejido fue un triunfo; terrible, muchos piensan que Salinas acabó con ese "derecho".

En el virreinato la tierra era propiedad de la corona y ésta se la otorgaba en usufructo al campesino, quien sólo podía trabajar para subsistir y pagar su quinto real. Sin embargo hubo virreyes preocupados por la cuestión agraria-indígena, como Luis de Velasco, quien a principios del siglo XVII otorgó títulos de propiedad a comunidades, una de ellas Anenecuilco, Morelos.

Durante el virreinato los pueblos propietarios de las tierras comunales quedaron libres de la tiranía de muchos hacendados, pero sus tierras eran improductivas, ya que se dedicaban al autoconsumo. Brinquemos tres siglos hasta tiempos del aclamado Juárez. Es encantador que la ignorancia de la Historia sea tan inmensa, que haya gente que venere a Juárez y a Zapata por igual, cuando el primero fue la causa de los problemas del segundo.

En tiempos del gobierno de Juárez (1857-1872), don Benito se encontró con que el campo mexicano era improductivo para México, y esto era debido a las tierras de autoconsumo y a las inmensas propiedades que la Iglesia tenía inutilizadas. Por eso propuso, dentro de las Leyes de Reforma, la Ley de Desamortización de Bienes de Manos Muertas; es decir, se planteaba que el gobierno podría incautarle a todo individuo, corporación u organización propiedades que no fueran productivas al país.

Con esta ley comenzó la incautación de bienes de la Iglesia, pero también la de tierras comunales de indígenas, ya que el autoconsumo era considerado improductivo para México. Fue con estas Leyes de Reforma que los títulos de propiedad comunales del virreinato quedaron sin valor… entre ellos el de Anenecuilco.

Con esta reforma JUARISTA comenzaron las grandes haciendas que se hicieron productivas en el porfiriato. Vayamos a Zapata, quien por cierto no era pobre ni estaba cerca de serlo, era un mediano propietario, eso sí, comprometido

149

con la causa de su pueblo, a grado tal que en 1909 fue nombrado presidente municipal de Anenecuilco.

Zapata luchó por Anenecuilco... no por el estado de Morelos y mucho menos por México, y como munícipe que era, tenía en su poder el título de propiedad comunal otorgado por Luis de Velasco, con el que pretendía que a su pueblo se le restituyeran las tierras que ahora tenían los hacendados, pero derivado de la aplicación de las JUARISTAS Leyes de Reforma, su título carecía de validez.

Así es que en 1909, un año antes de que Madero proclamara su Plan de San Luis, Zapata ya se había levantado en armas contra los hacendados, y comenzó una masacre en tierras del sur, arengando al pueblo con el rencor social y la idea de que tenían derecho a quedarse con todo aquello que era de los ricos... el mismo discurso de Hidalgo, y de algunos políticos del siglo XXI: rencor social.

Para 1914 y 1915 villistas y zapatistas se perfilaban como ganadores de esa guerra civil que los sacros guardianes del oficialismo llaman Revolución, pero fueron detenidos por el poder y genio militar de Álvaro Obregón. Desde 1916 estaban en calidad de forajidos; para 1917 la guerrilla de Zapata se limitaba a los alrededores de Anenecuilco, y finalmente, cuando tenía poca gente, y estaba del todo derrotado, fue acribillado a traición por órdenes de Venustiano Carranza.

Zapata no logró nada, no triunfó, su revolución no fue la que se alzó con la victoria, no hubo zapatistas ni villistas en el constituyente que elaboró la Carta Magna de 1917; el ejido fue una aportación de los obregonistas, al igual que casi todas las garantías individuales y derechos sociales… la mayoría ya consagrados en la Carta Magna de 1857.

Bajo el gobierno de Lázaro Cárdenas (1934-1940) se hizo el mayor reparto masivo de tierras, ¿cómo?, despojando a los hacendados productivos que durante el porfiriato hicieron de México uno de los primeros países exportadores de campo, y repartiendo tierritas de tres hectáreas en promedio, absolutamente improductivas… y volvimos al autoconsumo. Ahí comenzó la debacle del campo mexicano, con el autoconsumo cardenista, no con el TLC.

Dato curioso del ejido: el gobierno, que nos hizo regresar de agricultores a campesinos, le daba al beneficiario sus tres hectáreas… ¡Y YA!, si quería semillas o instrumentos de trabajo, era necesario afiliarse a las corporaciones del partido; pero además la tierra era del Estado (como antes de la corona), así es que en realidad uno no era dueño de su ejido, sólo podía trabajarlo y comérselo. Una estructura agraria muy improductiva económicamente, pero políticamente muy rentable.

Brinquemos de nuevo y vayamos a Salinas… él no quitó los derechos ejidales, sino que los aumentó, ya que hizo que, por ley, cada ejidatario fuera dueño de su tierra, con título en mano. Se llama modernidad, algo que necesitábamos para entrar al siglo XXI, aunque muchos prefieran pretender que los fantasmas de Juárez, Zapata y Cárdenas pueden ser nuestras guías hacia la modernidad. Aquí el tema no es si estos personajes fueron buenos o no, o tuvieron o no buenas ideas… el tema es que las respuestas de los siglos XIX y XX no pueden ser las respuestas del siglo XXI, en un mundo completamente distinto.

Países como Canadá, Estados Unidos o Australia son graneros del mundo entero, no con ejidos, sino con grandes propiedades productivas que los hacen autosustentables y exportadores en términos agrícolas, y desde luego generan empleos e impuestos. Pero derivado del mito de la revolución y del ejido, en México no podemos ser así de productivos.

Peor aún, estamos tan anclados al pasado que muchísimos mexicanos están literalmente traumados porque países como China y Estados Unidos produzcan maíz, frijol y chile; peor aún, que lo produzcan más barato que nosotros; peor todavía, que a causa de eso México importe maíz, frijol y chile de aquellos países.

Qué vergüenza, dicen algunos, que con nuestra tradición campesina (no agrícola sino campesina) de maíz y chile (parece que el frijol nos preocupa menos), ahora tengamos que importarlos... es decir que como los olmecas, los teotihuacanos, los toltecas y los mexicas sembraban maíz y chile... ¡eso es lo que nosotros debemos sembrar!... vaya que eso es vivir en el pasado.

Si otros países producen maíz más barato y de mejor calidad que nosotros, hay dos cosas que podemos hacer: *1)* preguntarnos por qué, ver sus esquemas de producción y tratar de superarlos, o *2)* comprárselos a ellos porque es más barato, y dedicarnos a producir aquello en lo que seamos más competitivos, como aguacate, cebolla, chayote, limón, lima y cártamo, de lo que somos primeros productores mundiales, o frutos secos y papaya, de lo que somos segundos productores mundiales... o naranja, anís, hinojo, pollo, espárragos y mangos, de lo que somos tercer productor mundial… pero no, el MITO y el TRAUMA nos obligan a producir maíz, porque hace 1 000 años era lo que se sembraba, o porque somos la cultura del maíz, porque Quetzalcóatl creó al hombre mesoamericano con maíz… así de absurdo.

Pero es que la soberanía alimentaria, dicen muchos… eso no existe en ningún país moderno, precisamente porque cada quien se dedica a aquello en lo que es mejor. Y con esto hay que volver al caso de Singapur; dicen que las comparaciones son odiosas (sobre todo cuando uno sale perdiendo en ellas), pero son necesarias para entender lo importante de superar mitos y traumas, así es que hagamos una pequeña comparación con Singapur:

DATO	MÉXICO	SINGAPUR
Territorio	1 972 550 km²	707 km² (la mitad del D. F.)
Densidad de población	57 habitantes por km²	6 646 habitantes por km²
Ahorro interno/PIB	18%	50%
IVA	16%	3%
ISR	32% o más	27%
Reservas internacionales	120 000 millones de dólares	220 000 millones de dólares

Singapur no tiene petróleo ni maíz, ni recurso natural alguno; tiene, eso sí, el único gran recurso renovable, vital para el progreso: educación. Por cierto que Singapur también es un país "conquistado", en este caso por Inglaterra, y se independizó apenas en 1963 para pasar a ser parte de

Malasia, de quien se independizó en 1965. Era un pantano infértil por el que nadie hubiese apostado… hoy supera a México en todos los aspectos. No tienen *máiz* y sí tienen *páis*; si se aferraran a sus tradiciones, serían un montón de sembradores de arroz, pobres y conquistados. Éste es sólo un ejemplo de la urgencia de entender nuestros mitos y superar los traumas que nos han generado.

EL TRAUMA DE LA ETERNA LUCHA

"85 años y seguimos en la lucha." Ésta es una leyenda que ha estado pintada, desde que este autor tiene memoria, en un paso a desnivel junto al edificio que era la sede principal de Luz y Fuerza del Centro; un puente cuyas bardas usaba el sindicato de electricistas para poner sus pintas y leyendas sindicales, con un relámpago rojo y un agresivo puño del mismo color… al viejo estilo del leninismo-estalinismo soviético de principios del siglo XX.

Evidentemente cada año, religiosamente, cambiaban el número, para darnos a conocer que "seguían en la lucha" ya por 86 años, 87, y así sucesivamente… la gran pregunta, desde luego, era de qué lucha estaban hablando, y es probable que los mismos sindicalizados no lo supieran, pero de cualquier forma seguían siempre "en la lucha".

Éste es un perfecto ejemplo de un sindicato "revolucionario" emanado del gobierno "revolucionario" de Lázaro Cárdenas, el principal promotor de que los muralistas pintaran la revolución en todos los muros disponibles, una revolución que debía plasmarse como la marxista lucha de clases, que pictóricamente está representada, o como el indio contra el español, o como el obrero contra el capitalista... siempre en lucha.

El pueblo, dividido y separado en sindicatos y corporaciones por Lázaro Cárdenas, grita desde entonces que el pueblo unido jamás será vencido, y parece que siente que es una obligación estar de forma permanente "en la lucha" sea ésta la que sea. El gran trauma derivado del mito revolucionario es que nunca se debe dejar de luchar. Esto funcionó muy bien durante la dictadura de partido en la que el gobierno finalmente monopolizaba y encauzaba la supuesta "lucha" del pueblo supuestamente unido, dividido en organizaciones campesinas y obreras, todas filiales del partido-gobierno, con lo que la lucha constante era un discurso... la lucha era mantener en el poder al partido garante de los "ideales" de la "revolución" que, fiel a su nombre, institucionalizaba la lucha.

Se acabó la dictadura de partido, pero no la eterna lucha, que ahora nadie monopoliza... y ahí tenemos, como siempre, a *Masiosare* dispuesto a la batalla, que a falta de enemigo externo tiene que ser, evidentemente, contra otros mexicanos... como siempre desde 1821 y contando. Nuestro himno siempre tan vigente: "mexicanos al grito de guerra".

ESTADOS UNIDOS Y MÉXICO: MITOS *VS.* MITOS

Ya se ha planteado que ningún país se salva de tener una historia llena de mitos, es parte de la naturaleza de la Historia y de las necesidades de los pueblos... la situación, como también se ha comentado, es que la idea de forjar mitos es que éstos generen lazos de pertenencia, de unidad, que sean aspiracionales y que catapulten a un pueblo hacia el futuro y el progreso. Estados Unidos tiene una historia llena de este tipo de mitos, mientras que México se construyó sobre mitos de conquista, de derrota... de fracaso.

Los estadounidenses de hoy, contrariamente a lo que sucede con países de América Latina, México y Perú en particular, no tienen conflictos de identidad derivados del encuentro entre Europa y América; no buscan, ni pretenden hacerlo, ningún tipo de origen histórico, racial o cultural en los pueblos originarios del continente, cuya historia simplemente no forma parte de la historia de los Estados Unidos sino del pasado del continente.

El norteamericano de hoy incluso parece haber olvidado que ellos mismos llegaron en algún momento del pasado a esa tierra a colonizar, conquistar y construir su país; muchas veces tienen conflictos entre los inmigrantes que siguen llegando en busca del sueño americano y los que se consideran pobladores originarios, que evidentemente no tienen conciencia de que sus propios antepasados también migraron en algún punto no muy lejano del pasado, olvidan que ni siquiera los descendientes directos de los colonos del siglo XVI pueden llamarse pobladores originarios.

En América Latina, decíamos, la situación es distinta; el mestizaje que se dio en todos los ámbitos: étnico, histórico, religioso, cultural, provoca en el ciudadano actual de esos países ciertos conflictos de identidad, una búsqueda de sus orígenes, que no sabe si hallarlos en Europa o en

América; las versiones que se han hecho de su propia historia provoca incluso que muchos se sientan descendientes conquistados de aztecas, incas o aimaras. El norteamericano no siente ningún vínculo con los indios originarios de su territorio.

Es importante destacar que estos sentimientos de identidad, crisis y demás complejos dependen, mucho más que de una realidad, de un discurso histórico fabricado en un pueblo determinado, de la versión de la historia que un pueblo aprende de sí mismo... es decir, de sus mitos. En México, por ejemplo, existe todo un discurso histórico que promueve la idea de un pueblo que desciende de los indígenas conquistados por los españoles, y no de estos últimos; ésa es la historia que se enseña y se aprende y que por lo tanto se convierte en real, y esta realidad enseñada es la que genera la identidad.

En países como Argentina y Chile, por ejemplo, y derivado también de sus propias versiones históricas, no se identifican como descendientes de patagones, aimaras o incas, sino que han desarrollado una identidad perfectamente basada en su origen europeo.

En Estados Unidos la historia que se cuentan de ellos mismos tiene algunos pocos antecedentes en los viajes de Colón y los primeros exploradores del continente, gran parte de ellos españoles; es importante en su discurso histórico enseñar el antagonismo con el español, pero se concentran en los primeros establecimientos comerciales del siglo XVII y específicamente en los peregrinos del *Mayflower* en 1620 como orígenes ideológicos y raciales de los Estados Unidos de América, lo cual no es del todo certero, no obstante, es la realidad histórica construida en el país... son sus propios mitos fundacionales.

Dios también es vaquero: el Destino Manifiesto

Buenos contra malos, vaqueros contra indios, el bien contra el mal, la defensa de la seguridad y la salvaguarda del mundo; desde el Llanero Solitario hasta Supermán, éstas son las obligaciones del pueblo y del gobierno norteamericano. Claro que, como seguimos en el terreno del mito, lo que importa NO es si esto es cierto o no, lo que importa es si el pueblo estadounidense se lo cree.

Esta visión mesiánica y salvadora del mundo puede estar presente en la mente de una gran parte de los norteamericanos, los hace creer que están efectivamente destinados a grandes cosas, que Dios los bendice y está de su lado, que tienen la razón. La idea de ser los buenos que combaten contra el mal y salvan al mundo, y que de hecho tienen derecho y quizás obligación de hacerlo en búsqueda de salvaguardar los más elevados valores, está relacionada con el llamado Destino Manifiesto, uno de los pilares míticos de los Estados Unidos.

En pocas palabras, el Destino Manifiesto no es otra cosa que la idea de que los norteamericanos son una especie de nuevo pueblo elegido, su patria la nueva tierra prometida, y que Dios mismo les ha encomendado una misión redentora y ha hecho manifiesto (patente) el destino de su nación. Situación que se puede resumir más aún en una sola frase que rige la vida del norteamericano y que intercambia cada día en los billetes: *In God We Trust*; o en el célebre final de tantos y tantos discursos presidenciales: *God bless America*.

Un futuro y una misión preestablecida de forma divina para una serie de hombres probos elegidos por Dios para beneficio de toda la humanidad, ése es su Destino Evidente, Patente o Manifiesto. En términos coloquiales para el norteamericano, Dios está de su lado en la lucha contra el mal; es decir: Dios también es vaquero. Y es que si ya se van a construir mitos, qué mejor que éstos sean alentadores y no derrotistas.

Si buscamos los orígenes en el tiempo y viajamos a los siglos XVI y XVII, la semilla del Destino Manifiesto es la historia de un resentimiento y un conflicto entre el catolicismo, representado por España y el protestantismo calvinista, en este caso inglés, por cuestiones políticas, económicas e imperiales.

El primer gran conflicto entre católicos y calvinistas, más allá de la obediencia al papa, se da por el libre albedrío, defendido por el católico, contra la predestinación argumentada por el protestante, que lo llevó a elaborar la doctrina del *calling* o llamado especial de Dios al que todo hombre debe responder. Para el católico, el don más preciado de Dios para el hombre era la libertad, de la que el ser humano dispone para hacer con ella lo que quiera; esto desde luego viene aparejado con el concepto de bien y mal, la responsabilidad ante las elecciones libres, y desde luego, la preocupación por la salvación eterna.

En contraste, el calvinista desarrolló la idea de la predestinación; es decir, las obras no sirven para nada, ni buenas ni malas, ya que la mancha con la que el hombre nace es tan grande que no se borra ni se agrava con acciones terrenas. Así pues, Dios eligió desde el principio de los tiempos a los que han de salvarse, sin que su libertad intervenga en dicha salvación. La ética tiene otro valor para el calvinista; no debe preocuparse por ser bueno o malo, ya que esto no le gana cielo o infierno. Debe concentrarse mejor en estar pendiente de escuchar el llamado de Dios y responder a él; ese llamado que lo hace a uno conocedor de su salvación ya que Dios lo ha elegido.

Hay otro factor económico-político importante: desde el siglo xv el papa Alejandro VI había dividido el nuevo mundo entre portugueses y españoles y dejó fuera del reparto a potencias como Inglaterra, que al desconocer al papado en el siglo xvi comienza su propia colonización con el argumento de llevar la verdadera fe (no la papista) al Nuevo Mundo, y rescatar a los nativos de la corrupción de los españoles. Lo que vemos en el fondo es una competencia entre potencias, la dominante, España, contra la emergente, Inglaterra, y gran parte de la lucha por ese dominio se da en los mares y las colonias. Los españoles argumentaban que América les pertenecía por derecho, pues así lo había determinado el papa. Los ingleses veían América como una donación de Dios.

Es importante señalar otro factor fundamental para entender las diferencias de todo tipo entre la colonización española y la inglesa; en el caso de los primeros es un proyecto de Estado, América había sido reclamada por Hernán Cortés para el rey de España, y desde entonces los territorios conquistados pertenecían al monarca en cuestión como un reino más bajo su soberanía; en el caso de los segundos, hablamos de acciones de iniciativa privada, inversiones capitalistas desarrollando empresas, donde el rey o la reina participan, no en su calidad de monarcas, sino de individuos inversionistas.

Económicamente también encontramos diferencias sustanciales; los españoles que fueron a América trataron de regenerar en el Nuevo Mundo el feudalismo medieval que estaba desapareciendo en Europa, con una visión agrícola de la economía, mercantilista en el peor de los casos; es decir, acumulación de metales preciosos como riqueza. El inglés, por su parte, fue como capitalista, a generar empresas, plantaciones, trabajar la tierra, producir, comerciar y obtener riqueza. En ambos casos la religión será una justificación para la invasión, pero las ideas económicas son radicalmente opuestas.

Los españoles dominaban América desde principios del siglo XVI y los ingleses no comenzaron a establecerse hasta principios del XVII, cuando sus enemigos no habían logrado extender su dominio al norte del continente. Esto fue interpretado por los ingleses como una señal divina, para ellos la colonización española había sido incapaz de dominar las tierras del norte de América a causa de la mano de Dios, que intervenía para reservar esa tierra prometida a los ingleses con su verdadera fe.

Según la justificación inglesa, era como si Dios hubiera puesto límites fijos a la nación española. Esta visión se vio reforzada por las ganancias que ambas potencias lograban arrancar a sus dominios, ya que poco a poco los ingleses lograron hacer de las tierras duras y frías del norte una fuente de riqueza superior a las cálidas y amables tierras del sur.

Además de la justificación teológica hay de fondo razones de tipo económico; los españoles, gracias al papado, se habían reservado las tierras más fértiles y ricas de América; ahora los ingleses llegaban a tierras con menos recursos y que exigían más trabajo, razón por la que los españoles no las habían dominado. Claro que no era la mano de Dios sino una visión diferente en cuestiones económicas: en contra del catolicismo que favorecía una economía feudal, la reforma religiosa puritana, con la idea de venerar a Dios trabajando, consolidó una clase burguesa capitalista, ambiciosa... y que veía a América como un verdadero Nuevo Mundo, para ellos, para establecer en él una nueva civilización.

Al atacar el proyecto español se enaltecía el propio, la regeneración espiritual del continente. Esto nos lleva a entender un antihispanismo histórico en la cultura angloprotestante, que tal vez nos pueda ayudar a entender el antihispanismo actual manifestado particularmente en el ataque contra el migrante por las elites más conservadoras de los Estados Unidos.

Se mencionaba con anterioridad que la colonización inglesa no fue un proyecto de gobierno sino de iniciativa privada, inversionistas individuales, entre ellos la reina en calidad de individuo. Para garantizar la rentabilidad de la empresa, y en vista de la maldad que el inglés le atribuía a los españoles, era permitida la piratería contra sus naves. Vemos de inicio un proyecto individualista (espíritu del capitalismo) y de piratería justificada (como hoy con el petróleo). Vemos igualmente el origen histórico de un pensamiento mesiánico.

La idea del *calling* les indicaba que debían eliminar el poderío español y rescatar el continente entero a la verdadera fe, con lo que tenemos una América para los ingleses, una especie de preludio a la doctrina Monroe: América para los americanos; vemos una vez más el origen de ideas como: *In God We Trust* o *God Bless America*.

La política de Dios

El *calling* pasa a ser la acción directa de Dios a través de los hombres elegidos, y el hombre puritano elegido, con plena confianza de haber sido elegido, se siente el amo del mundo. Con el poder del Señor, y por Su honor y gloria, se siente predestinado a dominar y transformar el mundo. Vemos una reforma religiosa transformada en reforma política y económica que justifica el imperialismo.

Para este protestante y su nueva ética, impregnada del espíritu del capitalismo y las nuevas necesidades de una nueva era, la visión de la riqueza es completamente distinta que en el catolicismo: si Dios te muestra un camino en el que puedes legalmente obtener más riqueza que en otro, no tomarlo sería prácticamente desobedecer a Dios y quedar fuera de su nuevo pacto civilizador. Esto explica también que Estados Unidos sea un país tan religiosamente conservador, ya que su doctrina religiosa es el origen de su dominio mundial; es necesaria una identidad puritana.

Otro argumento del mito del Destino Manifiesto es la idea de regeneración, que también tiene su origen en la teología calvinista. Se considera que el objetivo del colono es regenerar a los pueblos considerados inferiores, de entrada, los indios, y más adelante regenerar la tierra que ellos consideran infectada por la *papistería* española y francesa. Es decir, seguimos viendo esta dinámica de encono político-económico entre calvinistas y católicos, que esconde de fondo un conflicto entre potencias; cabe agregar que dentro de ese pleito, Inglaterra, la potencia protestante, es la que representa el cambio de era, la modernidad; mientras que el catolicismo español representa el conservadurismo, el arraigo a una era feudal. Ahí están los orígenes arcaicos de México y los modernos de Estados Unidos... no tiene que gustarnos, pero así es.

Más adelante, tras la independencia, este proceso regenerador quedará en manos norteamericanas. Este pueblo recién emancipado de Inglaterra, con la convicción de que la mano de Dios está detrás de su recién obtenida libertad, ampliará el concepto de regeneración y lo hará además extensivo a los mexicanos, negros, hispanoamericanos y mestizos de todos los cruces y colores. Es este legado puritano el que forma en los norteamericanos la idea conocida como Destino Manifiesto, una misión regeneradora, libertaria, democrática y republicana sobre el continente y, de ser posible, sobre el mundo entero.

En resumen, los ingleses, separados del papa y la Iglesia católica, fueron desarrollando un pensamiento etnocentrista donde ellos son el ensalzamiento de la civilización, por la gloria de Dios. A esto sumemos el sentido mesiánico, común en toda Europa, de poseer una obligación divina de expandir la civilización a todo el orbe. Los estadounidenses no sólo comparten esta visión, sino que adoptaron el pensamiento de que ellos eran los elegidos que iban a América a crear una nueva sociedad y un mundo mejor. No sólo heredaron el pensamiento inglés y lo hicieron propio, sino que lo exageraron y depositaron en ellos la labor divina de crear todo un mundo modelado por ellos en las Américas. Para el siglo XIX esto significa para ellos un reparto sencillo: que los ingleses de Europa dominen Europa, y que los ingleses de América dominen América.

Dios contra México

Estados Unidos veía con buenos ojos la independencia de la América hispana, no por sus ideas de libertad y de que ésta se expandiera por el continente, sino por la idea de que ahora ellos dispondrían de todo este hemisferio para sus planes. Por ello, lo primero que tenía que hacer Estados Unidos antes de reconocer las independencias latinas era asegurar su influencia en estos recién nacidos países. México, al ser la frontera entre la América inglesa y la América española, era un punto de interés crucial para los estadounidenses.

Desde el inicio del México independiente, Estados Unidos tenía ya claro que pretendía obtener los territorios del norte del nuevo país y desde el primer gobierno mexicano, el imperio de Iturbide, intentó negociarlos a través de su enviado Joel Poinsset, quien estableció la masonería como una forma de dominio político en el país. A través de este personaje los norteamericanos influyeron desde el principio en la vida política de México.

Las ideas sobre México y el resto del continente fueron desde luego motivo de debate en Estados Unidos; algunos pensaban que los ideales de libertad y democracia deberían ser extendidos a todo el continente, para beneficio de sus pobladores. Contra estos idealistas estaban los más pragmáticos que simplemente ambicionaban el continente, pero no a sus pobladores, no por lo menos como seres humanos iguales que ellos y para compartir los privilegios; como trabajadores y proveedores de materia prima en el mejor de los casos.

En el caso de la guerra entre México y Estados Unidos, por ejemplo, el *New York Herald* publicó un editorial el 15 de mayo de 1847 al respecto:

> La universal nación yanqui puede regenerar y emancipar al pueblo de México en unos pocos años, y creemos que constituye una tarea de nuestro destino histórico el civilizar a ese hermoso país y facilitar a sus habitantes el modo de apreciar y disfrutar algunas de las muchas ventajas y bendiciones de que gozamos nosotros.

En contraparte, el *Daily Union* de Washington señalaba sobre la victoria contra México que era "la realización religiosa de nuestra gloriosa misión nacional bajo la guía de la providencia divina para poder así civilizar, cristianizar y levantar de la anarquía y degradación a un pueblo de lo más ignorante, indolente, malvado y desgraciado".

En muchos políticos y pensadores la postura estaba también muy clara; John Milton Niles, senador por Connecticut, ante la idea de la anexión de todo México señaló: "La idea de unir los destinos de esta libre y gran República a los de un país como México es sorprendente y debe llenar de alarma el espíritu de cualquier persona reflexiva, ¿en qué otro país de la Tierra podemos encontrar combinados todos los males de raza, gobierno, religión y moral? Y si es que existen otros males seguramente también se encontrarán allí".

O John Quincy Adams, quien señalaba: "establecer la democracia en la América española sería tanto como querer establecerla entre los pájaros, bestias y peces". Es decir, Dios les otorgaba el derecho a las tierras mexicanas, pero no la obligación de gobernar a los mexicanos o de llevarles la democracia y la libertad; el resto de los habitantes de América no eran el pueblo elegido; incluso en la misma América del Norte, donde ya había una migración importante de europeos que buscaban la tierra de las posibilidades, hubo que hacer la distinción; todos estaban invitados a trabajar en el engrandecimiento de la nación, pero ésta finalmente pertenecía y beneficiaría, por sobre todos, a los blancos, anglosajones y protestantes; los elegidos de Dios.

El mito norteamericano del Destino Manifiesto se fue gestando desde los inicios coloniales de Estados Unidos para terminar de conformarse la idea en el siglo XIX. Comienza con el ideal puritano de un nuevo mundo, reforzado por la idea de una misión especial, un *calling* de Dios que los hacía un nuevo pueblo elegido con una nueva tierra prometida. Para el siglo XVIII la idea se expande y se considera que esta tierra prometida está para establecer en ella la democracia y la libertad; más adelante, ya para principios del XIX, la idea de regenerar el continente de los vicios dejados por los españoles lleva a la convicción de que América completa es la zona de expansión natural, destinada por Dios a los estadounidenses, y es por eso que de la regeneración hay que pasar a la seguridad; proteger el proyecto de Dios contra los malos. Una idea de origen religioso absolutamente conveniente para la política. Ya para el siglo XX, más que del Destino Manifiesto, se habla ya del sueño americano.

EL TRAUMA DEL YANQUI, O ¿POR QUÉ LOS GRINGOS NOS GANAN EN EL FUTBOL?

Finalmente otra derivación del complejo de conquistado, todo conquistado necesita un conquistador, y España nos queda muy lejos, tanto geográfica como históricamente, así es que el odio se vuelca contra un nuevo conquistador: Estados Unidos, el siempre odiado y envidiado vecino.

El mexicano que padece del trauma de la conquista, en eterno ser contradictorio, odia y anhela a los Estados Unidos; estaría encantado de tener su prosperidad, pero se oculta en el orgullo que siente ante su propia humildad; no obstante, cuando la humildad es demasiada, se va hacia el otro lado del Río Bravo a quitarse un poco de dicha virtud, y tomar aunque sea un pequeño trozo del sueño americano... en el fondo todos queremos prosperidad. Claro que seguirle mentando la madre al gringo tras 10 años de vivir en California lo hace a uno muy patriótico.

Desde luego que ante esa gran potencia económica que es nuestro vecino del norte, y que lo coloca en el primer lugar mundial de muchas cosas, no sólo de economía, el mexicano esgrime una especie de poderío o superioridad moral que reside precisamente en el más grandes de sus valores: su pobreza y su humildad... aunque eso de convertir la realidad en virtud es un poco tramposo.

Pero además, durante décadas hubo un consuelo eterno para el mexicano; sin importar en qué tantas cosas nos pudiera ganar el gringo, nosotros le dábamos eternas lecciones de futbol. En el siglo XXI el mexicano se sigue sintiendo potencia de la zona en el deporte de las patadas, cuando el hecho contundente es que hace tiempo que los estadounidenses juegan al soccer mejor que nosotros. Pero al mexicano nunca le han importado los hechos. Una vez más, los mitos buscan explicaciones y consuelos, no verdades.

Pero lo más triste es entender por qué los gringos nos ganan en futbol, y la respuesta es simple; nuestros distantes vecinos nos ganan en nuestro deporte predilecto por una sola razón: porque un buen día se lo propusieron... y aunque le duela al que tiene complejo de conquistado, los norteamericanos suelen lograr lo que se proponen. Ese día, antes de que perdiéramos el primer partido, ya estaba marcado (tal vez por el dedo de Dios) nuestro destino. Llegado el momento, el gringo nos iba a ganar en futbol.

Y es que aunque nos caigan mal, esos condenados norteños logran lo que se proponen prácticamente siempre; desde poner a un hombre en la Luna hasta vencernos en soccer. Ellos no son pobres pero honrados, y desde luego no consideran que la humildad sea una virtud. Mientras nosotros decimos que lo importante no es ganar sino competir… y eso es todo lo que hacemos: competir; ellos piensan que ganar no es lo más importante, sino lo único… y misteriosamente ganan.

¿Qué hace que dos países tan cercanos geográficamente, que comparten 3 000 kilómetros de frontera, que fueron resultado del colonialismo europeo, y que se independizaron con poco tiempo de diferencia, sean tan distintos? Es sencillo, las colonias británicas y Nueva España, y tiempo después Estados Unidos y México, siempre fueron proyectos distintos.

En nuestra historia se suele comparar la independencia de Estados Unidos y la de México y se nos dice que tienen un mismo origen liberal e ilustrado. Tristemente eso está muy lejos de la verdad. Por más que se nos plantee que su independencia es un antecedente de la nuestra, la verdad es que ni su fundación, ni su etapa colonial, o su proyecto económico, político y social, ni su proyecto libertario tienen relación alguna. Los hijos de los ingleses y de la Reforma protestante, y los hijos de España y la recalcitrante y retrógrada Contrarreforma católica, no tenemos nada en común.

Nueva España significó desde su inicio el catolicismo, el feudalismo, el sistema medieval, las ideas de la Contrarreforma, la economía agraria y el pensamiento conservador. Los que liberaron Nueva España y formaron México eran finalmente los descendientes de aquellos que llegaron con esos pensamientos, y poco o nada los habían cambiado.

Por su lado, algunos kilómetros al norte, las colonias británicas significaban la reforma protestante y la modernidad, la ética protestante del trabajo, los inicios del sistema capitalista, las ideas progresistas de la Reforma, la economía comercial, el pensamiento liberal y la tolerancia y libertad religiosa. Los que liberaron las colonias y las convirtieron en los Estados Unidos eran los descendientes de los colonos, y su pensamiento había progresado.

Mientras el México libre se aferró a la idea de que sólo los católicos eran bienvenidos, los Estados Unidos promovieron la libertad de culto que atrajo a las mentes brillantes de todo el viejo mundo. La intolerancia como proyecto no atrajo a nadie.

Dos enseñanzas torcidas tiene México en este sentido: la idea de que nacimos de la derrota azteca y no del triunfo de los pueblos oprimidos, unidos a Cortés, y la versión del catolicismo español de que no hay nada qué ganar en este mundo si se pierde el alma, la noción de despreciar este mundo en aras del otro, y la idea tan española de que el trabajo es denigrante, mientras que para el protestante es la forma fundamental de venerar a Dios.

Incluso Pedro Pablo Abarca de Bolea, conde de Aranda, secretario de Estado del rey Carlos III, hombre partidario de la Ilustración francesa y de la modernización española, justo tras la liberación de Estados Unidos, hizo una advertencia de la que nadie hizo caso: "El país más joven del mundo y el primero con régimen republicano será mañana un gigante [...] la libertad de religión y su libertad económica llamará a labradores y artesanos de todas las naciones y dentro de pocos años lo veremos levantarse como un coloso".

México se erigió como país católico, defensor de la única fe, mientras que nuestros vecinos fundaban el país de las libertades de empresa, comercio y religión. Ahí está finalmente el resultado de la Reforma y la Contrarreforma.

Los ideales de los conquistadores y colonizadores españoles fueron establecer un territorio de fe totalmente católica y defender hasta la muerte dicha fe, obtener riqueza fácil y rápido trabajando poco, sueño del que no se libera el mexicano de hoy, que más se ve ganando la lotería ("Ya me vi", dice incluso el anuncio), que trabajando toda su vida; finalmente los españoles llegaron a América para mantener un sistema feudal decadente en Europa. En el siglo XIX, los libertadores que siguieron a Iturbide perseguían exactamente lo mismo.

Mientras tanto, los ideales del colonizador británico fueron crear un nuevo mundo, establecer un territorio de libertad religiosa y económica; trabajar en comunidad y generar una nueva sociedad. Eso tenían en la mente los libertadores que siguieron a Jefferson y a Washington.

Claro que el pasado no tendría que marcar nuestro destino, por más que nuestro himno insista en que fue escrito por el dedo de Dios; pero lo marca porque no salimos de él, nos fascina el pasado, y nos da grandes pretextos para justificar la realidad. En el siglo XXI, festejando la independencia, deberíamos de liberarnos de nuestro pasado y hacer que el sueño mexicano fuera superior al americano... pero no lo hacemos porque mientras ellos sueñan con mañana, nosotros soñamos con ayer. Mientras eso no cambie, seguirán por encima de nosotros, y desde luego, nos ganarán cada vez jugando al futbol.

QUINTA SESIÓN

El diagnóstico

Estamos en el siglo XXI y se sigue escuchando en las aulas, tristemente de todos los niveles y estratos sociales, que somos un pueblo conquistado y que eso lo llevamos en la sangre, hasta el tuétano, que descendemos de los indígenas derrotados, que los dioses del pasado abandonaron a nuestros ancestros, que los españoles, esos terribles españoles, fueron tomados por dioses por ese Moctezuma, líder de un pueblo supuestamente sabio como pocos, pero que cambiaba oro por espejos, y que se atemorizaba ante hombres blancos… algo no cuadra en esta versión.

El mexicano sigue "aprendiendo" que su origen es una caída, una conquista, una derrota, una capitulación y una entrega; una traición y una felonía de la mujer tomada por el perverso conquistador, de la mujer entregada y mancillada, violada y, como diría Octavio Paz, chingada. Por eso repudia a su padre conquistador y rechaza a su madre violada; por eso se dio a sí mismo una nueva madre, inmaculada virgencita pura y casta, que no requiere del hombre para ser madre, y que por lo tanto nunca se entrega.

Los niños siguen "aprendiendo" en la escuela que Huitzilopochtli existió, y que mandó en sueños religiosos al pueblo mexica, por casi un siglo, hasta llevarlo al lugar elegido para establecer su imperio; la peor zona del lago de Texcoco, la más salitrosa e insalubre, la más inestable e infértil, la más pantanosa…, pero donde el capricho divino colocó a un águila posada sobre un nopal y devorando una serpiente. Los educandos siguen recibiendo concepciones metafísicas que lo hacen entender que México depende del antojo de los dioses, sean paganos o el cristiano, sea la virgen o los santos.

México, nueva contradicción, es el país del mañana, ya que todos esperamos ese ilusorio futuro en que nos vaya mejor que en el momento actual, pero el mexicano poco hace para construir ese mañana y vive pensando en el ayer. Así es que anhelamos con esperanza el mañana, pero nada hacemos hoy para que llegue. Al final no es de extrañar, ni el hoy ni el mañana pueden existir en un país que en realidad vive en el pasado.

—No me está gustando ni tantito todo lo que está diciendo, doctor, ni mucho menos el tono en que lo dice.

—La verdad no tiene que gustarle, señor México, puede deplorarla si lo desea, odiarla y hasta negarla…, pero no deja de ser la verdad.

—¿O sea que no va a hacer usted nada para ayudarme?

—Señor México, no he hecho otra cosa más que ayudarlo.

—¿Con todas las cosas tan feas que dice de mí?…, si más bien pareciera que usted me odia.

—No, señor México, los que nos odian nos dan falsos consuelos que no sirven para nada, lo que nos quieren nos ayudan, aunque para ello deban decirnos una verdad dolorosa. Hablar bien de usted no es síntoma de que lo amen, yo le llamo ceguera selectiva, no hay peor ciego que el que se niega a ver… del mismo modo, decir cosas que usted considere negativas de sí mismo, no quiere decir que lo odien, pero sí que lo confrontan… quizás precisamente porque lo aman.

—Bueno, y ahora qué va usted a hacer para que las cosas mejoren y me vaya bien.

—Yo nada.

—¿Ya lo ve?, usted no quiere ayudarme.

—Yo lo he obligado a confrontarse con usted mismo, señor México; usted mismo, guiado por la lógica y la razón, ha aceptado ciertas verdades… pero ahora es usted el que debe de cambiar.

—¿Y cómo se supone que lo haga?

—El primer paso es aceptar la verdad, entender y reconocer sus problemas… después tiene que usar esa libertad de la que tanto presume cada 15 de septiembre para tomar las decisiones que mejoren su situación. Pero sólo usted puede ayudarse a sí mismo… y la verdad es que a pesar de todos sus problemas psicológicos tiene mucho para ser un ganador.

—Bueno, doctor, lo que importa no es ganar sino competir.

—Con todo respeto, señor México, eso dicen los que pierden. Ésa es una idea que sólo encaja en la mente de los que no ganan, ya que aquel que ha probado la victoria nunca más se conforma con el esfuerzo, quiere las mieles del triunfo.

—Me la pone muy difícil, ¿no cree?

—Claro que es difícil, si salir adelante fuera fácil todos lo harían. Como ya le dije, usted tiene todo a su favor… sólo tiene que superar uno que otro problema.

—¿Y me va a decir cuáles son, tiene usted listo mi diagnóstico?

—Lo tengo, señor México… y no, no le va a gustar.

—Suéltelo, doctor, que yo soy muy macho.

—No sé ni por dónde comenzar. Mire, padece usted de necrofilia, es decir demasiado gusto por la muerte, tanto literal como simbólicamente hablando.

—¡Si a mí la muerte me pela los dientes!

—A eso me refiero, a su enfermiza relación con la muerte. Mire, le encanta vivir en combate, pero además vive de lo muerto, es decir, del pasado, de sus mitos, de sus leyendas, de los fantasmas de sus próceres; en el siglo XXI sigue evocando a Juárez, del XIX, o a Cárdenas, del XX, como modelos.

—¿Me va a negar que fueron grandes mexicanos?

—No es mi labor juzgar eso, sólo decirle que ambos vivieron cuando no había internet, telecomunicaciones, computadoras, celulares, globalización, interdependencia mundial, economía de la información… buenos o malos, sus soluciones del pasado no pueden ser las soluciones del futuro.

—A mí se me hace que usted es parte de la ultraderecha internacional, doctor, y por eso reniega de mis hijos predilectos.

—Eso me lleva al siguiente punto: también tiene usted esquizofrenia, manifestada por un lado en un terrible delirio de persecución… esa idea de que todos están en su contra, pero su esquizofrenia también se manifiesta como doble personalidad, muy humilde por un lado, muy arrogante, macho y altivo por el otro.

—Es que…

—No siga… vamos ahora a su *esquezofrenia*, es decir que siempre tiene un "es que", un pretexto, pues no asume nunca la responsabilidad de sus actos. Tiene además usted una adicción obsesiva al pasado… pero además es mitómano, se cree como realidad sus mitos, es histérico e histriónico, básicamente le encanta llamar la atención; sea a gritos, a mentadas, con llanto o con eternos lamentos, pero se basa siempre en las formas y no en el fondo.

—Claro que no, doctor, si yo quiero un mejor futuro.

—Eso dice, pero eso me lleva al siguiente problema, es usted contradictorio y no lo acepta, ama sus contradicciones, no le gusta guiarse por la lógica de la razón, sino precisamente por sus mitos.

—Bueno, pues…

—No, si no he terminado. Tiene además una fijación incestuosa… muy esquizofrénica también, ya que por un lado niega a su madre, la Malinche, pero por el otro es incapaz de soltar a la madre adoptiva que encontró en su virgencita.

—No se meta con la virgencita, que es la única que en realidad me ama.

—Lo cual me lleva a seguir con su diagnóstico. Dentro de su esquizofrénica personalidad múltiple, se presume humilde, pero es un narcisista que pregona que como México no hay dos, que usted es el más chingón, lo cual es muy poco humilde, y que es el consentido de la madre de Dios.

—¿Algo más?

—Vaya que sí, padece de melancolía patológica, es usted exageradamente nostálgico, se ata tanto al pasado porque así evita el futuro, porque tiene miedo… padece de inmadurez crónica, no quiere ir hacia el futuro por temor a perder su identidad, tiene miedo de crecer.

—Así es que, según usted, ¿estoy muy enfermo?

—No es mi labor juzgarlo, yo sólo le digo lo que he visto, el resultado de nuestro análisis conjunto… usted debe decidir si está bien o está mal, si acepta sus errores, y si hace algo para cambiar… si es que quiere. Pero me temo que definitivamente padece usted una forma muy grave de síndrome de *Masiosare*. Le mandaré por escrito mi reporte, un resumen de mi diagnóstico, de sus síntomas… y ojalá que, con todo el potencial que tiene, finalmente decida hacer algo por usted mismo. Lo bueno de todo esto, señor México, es que aún tiene el futuro en sus manos.

DIAGNÓSTICO

1) Necrofilia mexicana

Cada año, en septiembre, nos juntamos para gritar: "¡Viva México!", paradójica situación en un país amante de la muerte a grados neuróticos. México tiene que atender urgentemente su necrofilia, su miedo a vivir en el mundo real, a transitar hacia el futuro, su arraigo al pasado, a todo eso que, nos guste o no, está muerto.

Pongamos un ejemplo, ya que la celebración del Bicentenario resultó particularmente ilustrativa: transitaron decenas de carros alegóricos; desde luego no podía faltar el del Día de Muertos, que era enorme, precisamente por el peso de esa tradición de ocuparnos más de los muertos que de los vivos, de preocuparnos más por los ancestros que por los descendientes.

Quien haya puesto atención habrá notado que, más allá del carro dedicado a los muertos y a su día, hubo muertos en la mitad de los carros: pasearon por Reforma botargas de revolucionarios (muertos) y desfilaron huesos de animales (o sea que estaban muertos). Fue, en general, una ovación al pasado, a lo que se fue, a lo que ya no está precisamente porque está muerto. Nada hablaba del presente o del futuro, del lugar en que vivimos y de dónde viviremos.

Luego, repasando el ritual de cada año, gritamos "¡Que viva Hidalgo, que viva Morelos, que viva Allende!", pero todos sabemos que Hidalgo, Morelos, Allende y demás están muertos. Por ser 2010, se gritó "¡Viva el centenario de nuestra revolución!", es decir, algo así como: ¡viva la matanza indiscriminada y sin sentido que nos dejó tres millones de muertos y desplazados y no nos dio nada de modernidad! Otra posible interpretación es: ¡viva el discurso ideológico inventado por Cárdenas para justificar la dictadura de partido y atarnos al pasado!, o la peor de todas: ¡viva la guerra de la que surgió un contradictorio partido que pretende que algo tan vivo como una revolución pueda institucionalizarse y, por tanto, morir!, ¡que viva todo lo muerto de nuestra historia!

Lo anterior puede sonar exagerado, pero pocos países, y todos ellos en Latinoamérica, por cierto, sacan a pasear a sus muertitos. No podemos olvidar que dentro de los festejos *bicentenáricos* hicimos que los cadáveres de los próceres pasearan del Castillo de Chapultepec al Palacio Nacional.

Pero no bastando el desfile, el secretario de Educación, el hombre que debería ser uno de los responsables de que México dirigiera la mirada hacia el futuro, a través precisamente de la educación, señaló que se les dio a los restos heroicos un tratamiento para que no se echaran a perder, y remató con algo así como que: "gracias a este tratamiento, los restos se conservarán, y así, en 30 años, no lamentaremos una pérdida irreparable". Por Dios, ¡si todos los muertos se descomponen hasta convertirse en polvo!, ¿en qué perjudica o beneficia a un país que los cadáveres de sus héroes duren más tiempo agusanándose?

Tratamos de vivir el México del siglo XXI con discursos fragmentados del siglo pasado y del antepasado. Pretendemos vivir del fantasma de Cárdenas y del mito de Juárez, dos personajes en cuya época no había internet, ni celulares, ni computadoras, ni globalización, ni viajes al espacio, ni satélites, ni una economía del conocimiento ni de los recursos tecnológicos. México honra tanto a los muertos, que se guía por lo que ellos dijeron, porque además pensamos que siguen presentes.

Erich Fromm decía que el hombre es una posibilidad, hacía énfasis en la libertad, una posibilidad entre el bien y el mal, entre el avance y el retroceso. No hay destino marcado, no hay nada predefinido; la única forma del hombre para definirse es el uso de su libertad: libertad es responsabilidad. Eso aplica al mexicano, a quien Fromm conoció muy bien por haber vivido 20 años en nuestro país.

Pero el mexicano se alimenta también de la idea de la identidad, y no nos damos cuenta de que la identidad es otra cosa que nos amarra al pasado. Identidad, "ser idéntico a"; se asume como identidad que el mexicano es de *equis* forma y que no puede ser distinto, pues perdería la identidad y, por lo tanto, su ser mexicano. Eso es otro culto al pasado y otro síntoma de necrofilia. Si no podemos cambiar a riesgo de perder la identidad, seremos una bonita pieza de museo folclórico... bien muerta.

Volviendo a Fromm, señalaba que la agresión maligna en el ser humano puede tomar tres formas: el amor a la muerte (necrofilia), el narcisismo maligno y la fijación simbiótico-incestuosa. Las tres se combinan y forman el síndrome de decadencia o tendencia necrofílica. México, como pueblo, las padece todas.

Manifestaciones de la necrofilia según Fromm: la atracción por todo lo que no vive, como los personajes del pasado, los cadáveres (como los que sacamos a pasear este bicentenario o los que conmemoramos cada 2 de noviembre), marchitamiento, heces, basura (lo común de nuestras ciudades), devotos de la ley y el orden exagerado, o su contraparte: el caos total, del que nada puede surgir. El necrófilo no siempre mata, pero destruye, humilla, somete (como al macho que le encanta someter para ser hombre). Esto es México.

Es importante mencionar que no hay vida en la masa, sólo en el individuo. La masa es destructiva y el individuo es creador. En México el individuo no cuenta; nuestra política se ha dedicado a generar masas que voten, valga la redundancia, en masa, y los individuos no importamos. Hemos hecho una sociedad de masas, ya que no hay pueblo, sino corporaciones populares. La masa o las masas no piensan, no crean, no reflexionan, repiten discursos ideológicos del pasado, destruyen.

El narcisismo se da cuando no hay conciencia del otro, como en México, donde impera la idea de que "mientras yo esté bien, los demás que se jodan". Octavio Paz y Alan Riding lo resumían con las dos opciones típicas del mexicano: "chingar o que te chinguen". Todo gira en torno nuestro, somos lo único que importa. Todo individuo sano mantiene cierto grado de narcisismo, pero con conciencia de los otros. En México los demás no importan.

El narciso necrófilo descrito por Fromm no escucha (como nuestros políticos), no se interesa (como nuestra sociedad), considera perfecto todo lo suyo ("como México no hay dos"), habla todo el tiempo y a gritos, evita tener tiempo para pensar, siente la crítica como ataque hostil (al mexicano hay que hablarle suavecito para que "no se sienta"). Trata de adaptar la realidad a él y no de adaptarse él a la realidad (que cambie México sin que yo cambie).

En términos generales, la fijación incestuosa se manifiesta como codependencia. En el caso del hombre, busca siempre la admiración de la mujer de forma incondicional, y si se puede tener más de una mujer, mejor, aunque después de presumir que puede con todas no cumpla con ninguna. En todas buscará a su mamita adorada, la mala noticia es que nunca nadie podrá superarla.

Ésa es la mayor fijación incestuosa del mexicano: su obsesión con la madre. La madre es venerada e impoluta. Por eso, cuando la mujer se convierte en madre ya no puede ser objeto de deseo; vuelve a ser casta y pura, recupera su virginidad de forma simbólica. Entonces el macho tiene que ir en busca de otras, no por infiel, sino para no faltarle al respeto a "la madre de sus hijos". Todo esto, desde luego, es para que la realidad se ajuste al gran esquema maternal que tiene el mexicano: la virgencita de Guadalupe.

Ahí está esta parte del diagnóstico: necrofilia mexicana. Superable completamente, sobre todo si se acepta el mal; pero como parte del narcicismo necrófilo es pensar que somos perfectos, difícilmente se acepta, y, por tanto, nunca se supera. Se puede, siempre se puede, el pasado no determina el futuro, como diría cualquier psicoanalista ortodoxo. La necrofilia sólo conduce al máximo objeto de deseo del necrófilo: la muerte. En este caso, la muerte de México… por eso urge superar los problemas psicológicos de México, para que en verdad viva, como se grita cada año, de lo contrario va directo a su muerte. Para que México ¡viva!, hay que comenzar a usar de mejor forma nuestra libertad.

2) La nostalgia y la adicción al pasado

"Todo tiempo pasado fue mejor." En México esta frase es multicitada, *multicreída*, multiplicada y enseñada. Esto no tiene nada de malo, a menos, desde luego, que resulte ser cierta.

El ser humano quiere creer que la historia de la civilización, con sus altas y bajas, es una historia de evolución. En cada país, en cada sociedad, en cada ciudad, en cada pueblo… la historia aparenta desenrollarse y desarrollarse. De acuerdo con dicha teoría, evolucionamos, progresamos, avanzamos. Es por ello que, hipotéticamente, todo tiempo pasado debería ser peor que el actual, y se debería esperar, con cierto sentido, que los tiempos futuros fueran mejores.

Resulta indispensable preguntarnos —en lo individual, pero sobre todo como país— si en verdad todo tiempo pasado fue mejor. La popularidad de la nostalgia es entendible, hasta cierto punto; deriva del hecho de que el mundo cambia y a todos nos cuesta trabajo cambiar junto con él. Nuestros padres piensan que los valores de nuestra generación son decadentes, y que, en definitiva, todo era mejor cuando ellos eran jóvenes; sin embargo, los abuelos argumentarían que, en realidad, fue en sus tiempos cuando todo era mejor.

Lo anterior sólo querría decir que vivimos en una total involución. Si todo tiempo pasado fue mejor, no hay nada que esperar del futuro; parecería que estamos envueltos en una especie de ley de entropía social donde todo tiende al caos.

Pongamos ejemplos con otros pueblos: ¿pensarán los españoles que estaban mejor en tiempos de Franco?, ¿creerán los chilenos que todo era mejor con Pinochet?, ¿añorarán los alemanes los tiempos de Hitler, y los rusos, los de Stalin? ¿Será que en Suecia, Noruega y Dinamarca piensan que era mejor ser vikingos que vivir en las actuales sociedades de bienestar?, ¿extrañará Brasil el pasado?, ¿querrán los vietnamitas volver a los tiempos de su cruel guerra, y los croatas y serbios a los de la desintegración de Yugoslavia? Francamente es dudoso.

Si uno está hoy mejor que antes, mejor que nunca, significa que ha evolucionado. Cualquiera que se perciba hoy peor que en el ayer, tiene dos opciones: vivir de la nostalgia, como hace México, o hacer algo por detener el proceso de decadencia. Podemos extrañar la infancia, cuando no había preocupaciones, o la adolescencia en la que no se asumen responsabilidades, o la juventud con todo su ímpetu... pero si en nuestra actualidad no creemos que con eso hemos construido a una mejor persona, la que somos hoy, definitivamente algo anda mal. Aplica a los individuos y a los países.

Tomando como ejemplo a México, ¿todo tiempo pasado fue mejor? ¿Fue mejor la década de los ochenta, cuando la inflación era de 5 000% anual y se cambiaban los precios de los productos incluso tres veces en un día?, ¿añoramos la represión del 68?, ¿qué tal esa masacre a la que llamamos Revolución, o la Guerra de Reforma?, ¿eran mejores tiempos?... ¿A qué época deseamos volver con tanta ensoñación cuando decimos que todo tiempo pasado fue mejor?

Tanto en el porfiriato, como a mediados del siglo XX, como en nuestros días, México ha sido "el país del futuro". Al parecer siempre lo será, porque sólo sabemos alimentarnos de nostalgia. Somos el país que busca glorias verídicas o falsas en cualquier rincón del pasado, aunque tenga que remontarse, ¡válgame tanto absurdo!, a los tiempos prehispánicos. ¡Claro!, seguramente hubiera sido mejor vivir en la época de los sacrificios humanos.

Una encuesta realizada en 2008 por la Federación Rusa para definir quiénes eran los tres rusos más populares arrojó los siguientes resultados: en tercer lugar, San Alexander Nevsky, santo de la Iglesia Ortodoxa Rusa, figura semilegendaria de los orígenes de Rusia; en segundo, un hombre que no fue ruso, sino georgiano: Stalin, "el hombre de acero", líder soviético que convirtió a Rusia en gran potencia con el costo de millones de vidas humanas. En primerísimo lugar quedó Vladimir Putin, el hombre que ese año dejaba la presidencia para ocupar el puesto de primer ministro. Su actual gran líder es el gran héroe de la mayoría de los rusos. Eso quiere decir que hoy están mejor que con Stalin y que en tiempos medievales. Su mejor tiempo no es el pasado, sino el presente.

En el tan mentado y gastado año del Bicentenario, History Channel lanzó una convocatoria para votar por "El gran mexicano". Por la forma dogmática en que se enseña la Historia, no es de extrañar que el primer lugar lo haya obtenido Benito Juárez, aunque la mayoría sólo conozca su frase célebre.

El maravilloso y a la vez terrible segundo lugar lo obtuvo Pedro Infante. Todos los mexicanos quieren ser como alguno de sus personajes: Luis Antonio García, El mil amores, El *todasmías*, el macho pero tierno, el hombre sensible pero fuerte, el romántico conquistador cantor, el charro que todo lo puede, el del carisma, el que se empina una botella de tequila completa y le hace "lo que el viento a Juárez", el carismático, el hombre viril a caballo, el del mariachi, el de la eterna fiesta y serenata, el pobre pero honrado, pues "Pepe el Toro es inocente". En resumen, después del dogmatismo solemne, el mexicano se identifica con un personaje ciertamente fantástico, pero inexistente: el mexicano rural que cabalga entre las calles de las tranquilas y prósperas ciudades del Bajío a mediados del siglo XX.

Tal vez todo tiempo pasado fue mejor; pero el pasado ya no existe, no volverá nunca, y vivir en la eterna nostalgia, sumergido en recuerdos en sepia, distorsionados por el tiempo, es precisamente lo que impide que volteemos la cabeza 180 grados para poner los ojos en la dirección contraria: el futuro.

3) Con el dedo de Dios se escribió: el miedo al futuro

Dice cada billete de un dólar *In God We Trust* (confiamos en Dios), y los presidentes de aquel país terminan todos sus discursos patriotas con una aseveración: GOD BLESS AMERICA (Dios bendice a América). Probablemente lo crean, gran parte de la identidad de nuestros vecinos del norte se basa en lo que llaman Destino Manifiesto, la idea de ser un pueblo elegido por Dios, establecidos en una nueva tierra prometida para traer una nueva civilización.

Así es, los gringos confían en Dios, pero definitivamente no le dejan la chamba a Él; cada estadounidense trabaja para formar y fortalecer su país; una patria que tiene un proyecto y un camino marcado desde el mismísimo día en que nació. Confían en Dios, pero ellos son los que trabajan, como dice curiosamente un refrán mexicano no aplicado en México: "a Dios rogando, y con el mazo dando".

En México estamos un paso adelante de los gringos, ya que no somos los consentidos de Dios, sino mejor aún, de su madre; somos, como bien sabido es y tanto se ha planteado aquí, los consentidos de la virgencita. Lo sentencia nuestro himno nacional: en el cielo, nuestro eterno destino, con el dedo de Dios se escribió... pero aquello que se canta en cada ceremonia civil, ¿será una fortuna divina o una maldición eterna?

A 200 años de comenzar la guerra por libertad, si Dios tiene relación alguna con los destinos de la patria, hay que decir con toda sinceridad y respeto que no tiene buenas intenciones con nosotros, mientras que su simpatía por los "gabachos" parece notoria.

Pero, ¿tendrá destino una patria?, ¿será éste algo escrito e inamovible?, ¿podrá el destino ser cambiado o seremos, como en tragedia griega, víctimas crueles de los hados y las moiras que manejan los destinos de la humanidad? Es paradójico, el cristianismo reformado de nuestros vecinos cree en la predeterminación; claro que usaron eso a su favor en términos de política, y se entendieron a sí mismos como un pueblo predestinado por Dios para ser grandes... y aunque al ser destino, ellos no podrían influir en él, trabajan a diario para conseguirlo.

Por otro lado, el catolicismo del mexicano hace gala del libre albedrío como el gran regalo de Dios a la humanidad; somos libres de decidir todo, y claro, tenemos por lo tanto la responsabilidad de nuestra vida y destino, que dependen de esa libertad. Pero siendo así las cosas, el gringo que cree en el destino preestablecido trabaja a diario por alcanzarlo, y el mexicano, que debería creer en la libertad de forjar nuestras metas y elegir los caminos correctos, viola a diario sus preceptos religiosos endilgándole a Dios la tarea de hacer que salgamos de pobres, y encomendando a la virgencita, su madre, que lo convenza de tal cosa.

Resultado: casi nadie en México trabaja por el eterno destino de México; con lo cual evidentemente queda escrito en los cielos, grabado en piedra, inalterable e incólume, el fracaso.

Contradictorio, paradójico y complejo ser es el mexicano; odia a sus vecinos ricos, pero en el fondo los envidia y lo daría todo por tener esa prosperidad que finalmente persigue al cruzar la frontera; aun así lo critica por materialista y coloca los valores "espirituales" (e intangibles, incluso imaginarios) del mexicano por encima... pero aspira a lo material. Critica su idea de que Dios los cuida y les encarga el mundo, pero le parce normal que la virgencita cuide a México. No deja de ser raro, por cierto, que Dios quiera a los ricos mientras su madrecita santa admira tanto a los pobres.

Más paradójico; el católico mexicano, muy devoto y siempre fiel, como diría el papa polaco, tiene una fe que promulga la libertad, pero el mexicano pretende que el dedo de Dios escribió nuestro destino... aunque difícilmente alguien sepa qué destino es ese... por mientras, nadie se ocupa de él. Y así, queremos y exigimos algo a lo que llamamos libertad, pero definitivamente rechazamos la responsabilidad que viene en el mismo paquete.

El mexicano sigue encargando su vida a vírgenes, santos y versiones diversas de Jesús. No es, como presume el mexicano Amado Nervo, arquitecto de su propio destino.

El mexicano va sin timón y su país es un barco a la deriva que zarpó sin conocer puerto de destino, por eso las tempestades nos sacuden, y tras ellas no sabemos qué rumbo retomar.

Dios está muy distante, así es que el mexicano promedio encarga ese trabajo divino de cuidarnos a quien ve más cercano; en este caso el Estado. Ahí está el mexicano paternalista, esperando de su Dios terrenal encarnado en presidente o en Mesías político siempre anhelado solucione los problemas. Los barcos a la deriva terminan por hundirse, o quedarse en medio de la mar sin combustible.

El mexicano tiene la esperanza de que nos vaya bien aunque poco haga para conseguirlo; y cree en el destino, pero de forma catastrófica, es agorero del derrumbe y cabalístico: vio una guerra en 1810, otra en 1910, y por lo tanto esperaba, casi por mandato divino, que otra guerra nos destruyera de nuevo en 2010, la espera tanto que la provoca, la desea, la busca, y sin darse cuenta la propicia, participa en ella. Ahí está en el cielo nuestro eterno destino: autodestrozarnos cada 100 años y destruir con ello todo lo andado… ahí está *Masiosare*.

Finalmente, ya que no sabe a dónde va, el mexicano no quiere llegar; el mexicano, ese pueblo tan niño, se niega a crecer. Tanta libertad tan desperdiciada… y nosotros confiando en lo que escribe el dedo de Dios. Ahí están los mitos, ahí están los traumas que de ellos se derivan… ahí está también nuestra libertad para hacernos responsables de nosotros mismos, superar el pasado y voltear hacia el único lugar al que deberían mirar, como pueblo unido, todos los mexicanos: el futuro.

BIBLIOGRAFÍA

Aguayo Quezada, Sergio, *México, todo en cifras*, Aguilar, México, 2008.

Aguilar Camín, Héctor, y Lorenzo Meyer, *A la sombra de la revolución mexicana*, Cal y Arena, México, 2001.

Ayala, Armando, *¿Cómo conquisté a los aztecas?*, Debolsillo, México, 2007.

Díaz del Castillo, Bernal, *Historia verdadera de la conquista de la Nueva España*, Patria, México, 1983.

Duverger, Christian, *Cortés*, Taurus, México, 2005.

Escalada, Xavier, *Códice 1548*, Enciclopedia Guadalupana, México, 2005.

—, *Juan Diego, escalerilla de tablas*, Arquidiócesis de México, 2005.

Fromm, Erich, *El corazón del hombre*, FCE, México, 1982.

—, *Anatomía de la destructividad humana*, Siglo XXI Editores, México, 1995.

—, *Lo inconsciente social*, Paidós, España, 1997.

—, *Sociopsicoanálisis del campesino mexicano, estudio de la economía y la psicología*, FCE, México, 1997.

Fuentes Aguirre, Armando, *Hidalgo e Iturbide. La gloria y el olvido*, Diana, México, 2008.

Galeana, Patricia (coord.), *El nacimiento de México*, FCE, México, 1999.

Historia de España, Historia 16, Madrid, 1994.

Historia General de México, El Colegio de México, México, 2008.

León Portilla, Miguel, *Los antiguos mexicanos*, FCE, México, 1995.

México a través de los siglos, Océano, Barcelona, 1996.

Meyer, Jean, *Los tambores de Calderón*, Diana, México, 1993.

Mier, Servando, *Memorias*, Cien de México, México, 2008.

Miralles, Juan, *Y Bernal mintió*, Taurus, México, 2008.

Ortiz de Montellano, *Nicán Mopohua*, Universidad Iberoamericana, México, 1990.

Paz, Octavio, *El laberinto de la soledad*, FCE, México, 2004.

Ramírez, Santiago, *El mexicano, psicología de sus motivaciones*, Grijalbo, México, 1977.

Ramos, Samuel, *El perfil de hombre y la cultura en México*, Austral, México, 1990.

Riding, Alan, *Vecinos distantes*, Joaquín Mortiz, México, 1999.

Schettino, Macario, *Cien años de confusión*, México en el siglo XX, Taurus, México, 2007.

Sejourné, Laurette, *Pensamiento y religión en el México antiguo*, FCE, México, 1994.

Semo, Enrique (coord.), *México un pueblo en la historia*, Alianza, México, 1989.

—, *Los frutos de la Revolución*, Alianza, México, 1991.

—, *Oligarquía y Revolución*, Alianza, México, 1991.

Sierra, Claudia, *Historia de México a la luz de los especialistas*, Esfinge, México, 2008.

Silva Herzog, Jesús, *Breve historia de la Revolución mexicana*, FCE, México, 1970.

Urrutia, María Cristina, *Ecos de la conquista*, Tecolote, México, 1999.

Villalpando, José Manuel, *La Virgen de Guadalupe, una biografía*, Planeta, México, 2004.

—, *Benito Juárez*, Planeta, México, 2006.

Los mitos que nos dieron traumas de Juan Miguel Zunzunegui
se terminó de imprimir en octubre del 2017
en los talleres de Impresos Santiago, S.A. de C.V.
ubicados en Trigo No. 80-B, Col. Granjas Esmeralda,
Del. Iztapalapa C.P. 09810, Ciudad de México.